Qual é a sua dor?

Dados Internacionais de Catalogação na Publicação (CIP)
(Câmara Brasileira do Livro, SP, Brasil)

Reikdal, Marlon
Qual é a sua dor? : infância, autocuidado, autodescobrimento / Marlon Reikdal. – Petrópolis, RJ : Vozes, 2024.

Bibliografia.

ISBN 978-85-326-6908-7

1. Autodescoberta 2. Dores 3. Psicologia I. Título.

24-198040 CDD-150

Índices para catálogo sistemático:

1. Psicologia 150

Tábata Alves da Silva – Bibliotecária – CRB-8/9253

Marlon
Reikdal

Qual é a sua dor?

Infância
Autocuidado
Autodescobrimento

Rua Frei Luís, 100
25689-900 Petrópolis, RJ
www.vozes.com.br
Brasil

Editoração: Débora Spanamberg Wink
Diagramação: Sheilandre Desenv. Gráfico
Revisão gráfica: Heloísa Brown
Capa: Éribo Lebedenco

ISBN 978-85-326-6908-7

Este livro foi composto e impresso pela Editora Vozes Ltda.

Sumário

Parte II
Olhar-se

Parte III
Sentir-se

Parte IV

ANALISAR-SE

Parte V

ACOLHER-SE

Apresentação

Qual é a sua dor?

Antes de seguir adiante, convido você a perceber o que esta pergunta te faz sentir. Reflita um pouco sobre ela, sem pressa, pois essa obra não é apenas um texto para ser lido, e sim, um processo terapêutico conforme o psicólogo e sociólogo Marlon Reikdal vem nos proporcionando por meio de suas obras pautadas no autodescobrimento.

Vivemos em uma sociedade que valoriza produtividade e força, na qual reconhecer nossas vulnerabilidades é visto como fraqueza. O que não parece perfeito precisa ser superado, descartado ou escondido. Como é impossível sustentar tanta aparência de perfeição, a sensação de inadequação e solidão quando encaramos nossas dores, fica muito forte.

Além disso, como nossas experiências são individuais e nossa história única, muitos de nós acabam acreditando que a dor emocional é uma experiência isolada, que estamos sozinhos diante desse sofrimento, quando a verdade é que todos compartilhamos essa realidade. A diferença vai ser a origem desse sentimento, a intensidade com que vivemos essa dor e como lidamos com ela.

Quando não estamos conscientes das dores emocionais que carregamos, somos muitas vezes levados por elas, tomando decisões reativamente, mudando rumos precipitadamente ou agindo de forma que nem nós conseguimos entender muito bem. Também fica mais difícil identificar aspectos da nossa personalidade que atuam como defesas para sobreviver a feridas emocionais. E, na ânsia de curar nossas dores, acabamos ferindo os outros, incapazes de reconhecer a responsabilidade pessoal pelo nosso mundo interior.

Diante dessa realidade que nos afeta tanto, a proposta do Marlon para esta obra é muito concreta. Ele convida você a uma viagem para dentro de si, como forma de autocuidado, numa jornada que exige coragem, reflexão e a capacidade de desconstruir e reconstruir seu eu profundo e real.

Pesquisando e trabalhando intensamente com milhares de pessoas, ele compreendeu que é preciso desafiar as concepções que tomamos como verdade – às vezes sobre nós mesmos – a fim de viver de forma mais integrada com o que somos e sentimos. Ao longo de todo o livro, ilustrando com vários casos, ele mostra que, à medida que começamos a nos relacionar com nossas dores com respeito, somos gradualmente transformados, e relações que antes pareciam ser a causa de grandes problemas, assumem gradativamente novas configurações terapêuticas.

Nesse sentido, o roteiro dessa viagem foi construído em cinco grandes etapas. Cada uma delas é extremamente importante no processo que fazemos de identificar e lidar com as dores emocionais:

Desvendar-se: O primeiro passo nessa jornada é ter a coragem de desvendar sua história pessoal, focando nas suas próprias dores. Pode ser difícil sustentar uma percepção honesta de si mesmo, mas é necessário esquecer um pouco os outros, identificar possíveis alienações e superar as resistências do ego.

Olhar-se: Reconhecer que uma grande parte da sua personalidade está moldada por suas dores. Muitas das nossas feridas emocionais têm raízes na infância, mas não ficam restritas a ela, por isso continuam a influenciar nossa vida adulta. Olhar profundamente para essas experiências permite perceber os moldes inconscientes que repetimos e que mantêm vivas as experiências dolorosas.

Sentir-se: Permita-se sentir suas verdadeiras necessidades e dores. Esse processo é doloroso, mas necessário. Sentir profundamente desestabiliza o ego, mas também abre uma nova compreensão de si mesmo. É um trabalho árduo e contínuo, que exige coragem para enfrentar as dores que evitamos por tanto tempo.

Analisar-se: Responsabilize-se por suas dores e permita-se vivenciá-las intensamente. A autoanálise facilita um diálogo profundo entre o consciente e o inconsciente, intensificando sua percepção e entendimento de si mesmo. Observar cuidadosamente sua história e entender os papéis que desempenha em suas relações é fundamental para esse processo.

Acolher-se: O autoacolhimento liberta das justificativas externas e conecta profundamente com seu mundo interior. Olhar para o passado e acolher sua realidade interior com respeito e consideração é essencial para viver transformações de dentro para fora. Este compromisso consigo mesmo traz uma independência rara e permite florescer, cultivando amor próprio e empatia.

Talvez seja necessário passar várias vezes por estas etapas, pois cada uma traz uma percepção nova e diferente sobre diversos aspectos da nossa vida. Não tenha pressa! A conscientização do seu mundo interior abandonado leva tempo, mas pode gerar mudanças inesperadas com as quais é necessário lidar com a máxima atenção.

Sentir suas dores transforma o modo como você se vê e se relaciona com os outros. O autoacolhimento não é uma técnica, mas um despertar interno que se expressa em mudanças externas, num movimento de dentro para fora. Este compromisso com o mundo interior é fundamental para ajustar suas verdades internas ao mundo externo, promovendo um fluxo contínuo de amor e compreensão.

Este livro é um convite para que você enfrente suas dores, não como um fardo, mas como uma oportunidade de autocuidado e transformação.

Boa leitura!

Aline S. Carneiro

Introdução

Que bom que você chegou até aqui! Certamente muitas pessoas desistiram já no primeiro segundo em que se depararam com a questão "Qual é a sua dor?" A diferença entre você e aqueles que abandonaram o percurso já no início não está entre aqueles que têm dores emocionais e os que não têm. Todos os seres humanos estão conectados por esse mesmo tema, não interessa se são empresários de sucesso ou donas de casa financeiramente dependentes; também não faz diferença ser profissional de saúde ou paciente psiquiátrico grave que se mutila. Todos temos dores, e isso nos torna iguais, sendo diferenciados apenas pela intensidade com que as vivemos e a forma como lidamos com elas.

Acredito que não seja exagero da minha parte dizer que somos governados pelas dores durante a maior parte do tempo, em especial quando não temos consciência de que elas existem. Temos dificuldade de perceber o quanto as dores estão por trás de escolhas, recusas, decisões, mudanças, reações. Não identificamos também que muito do que achamos que é nossa personalidade são apenas as defesas que criamos para sobreviver a essas dores. Traços indesejados, vícios morais, compulsões, inflexibilidades, isolamento, procrastinação e insatisfações podem ser apenas formas inconscientes de tentar lidar com a dor, fugindo dela, negando ou reagindo quando as feridas emocionais são tocadas.

Ainda, na ânsia de curar nossas dores, machucamos os outros sem perceber, julgando-os e exigindo aquilo que não podem nos oferecer, pela dificuldade de reconhecermos nossa responsabilidade pessoal pelo nosso próprio mundo interior, que precisa de atenção e cuidado.

Ao mesmo tempo, o mais belo é perceber que, à medida que as dores começam a ser atendidas com respeito, vários elementos da personalidade também vivem uma mudança gradativa, naturalmente, de dentro para fora, e aquelas relações que antes pareciam ser a causa de nossas dores, ganham outras configurações.

A pergunta que cabe não é se você tem ou não uma dor, e sim qual é essa dor e como você se relaciona com ela.

Somos homens e mulheres que não foram atendidos em suas necessidades emocionais, existenciais e psicológicas, e não vejo outro caminho para a cura interna e a saúde das relações senão pela conscientização e pelo acolhimento desse mundo interior tão dolorido e fragilizado. Sem isso, não há como criar uma base consistente de quem somos, nem para o desenvolvimento de nosso potencial, e por consequência não há como vivenciar experiências mais significativas de felicidade ou plenitude.

Esta é uma viagem para dentro de si, que exigirá um tanto de coragem, reflexão e capacidade de desconstrução e reconstrução interiores, em busca de um eu profundo e real, desconhecido, que seja capaz de dar novos sentidos ao existir e de trazer novos valores.

A sociedade atual, movida pelos discursos de produtividade, competição, força e competência, acaba por silenciar a condição humana de todos aqueles que não têm mínimas noções do mundo interior. Além disso, por conta desses discursos que silenciosamente moldam o pensar e o sentir, cria-se um pavor da vitimização, de modo que há certa interdição ao contato com dores, feridas e traumas. Ver-se frágil e sensível, bem como assumir a realidade interior, tem conotação negativa, de fraqueza e imaturidade, tanto pelos discursos sociais como pela sensação de ingratidão aos pais e a tudo que a vida oferece de bom.

Rever essas concepções para olhar-se com mais cuidado, sentir-se e acolher-se é um dos desafios que temos pela frente, com o propósito de fortalecer naturalmente a conexão interior que nos transforma.

Porém, eu me antecipo em dizer que essa não é uma viagem fácil ou agradável, embora de resultados interiores indescritíveis. Acolher a dor pressupõe reconhecer as necessidades que não foram, e muitas vezes ainda não são, atendidas. É como estar frente a frente com um abismo, ou numa sala escura e fria, que reflete o próprio abandono interior.

Ao nos perguntarmos sobre nossos próprios sentimentos e necessidades, nós nos deparamos com ausências e impossibilidades constrangedoras. Por isso parece mais fácil não perguntar, não pensar e continuar distraído no mundo, fazendo uso dos entorpecentes sociais.

Olhar para a escassez interior e para a forma como nos tratamos faz sentirmos algo diferente por nós mesmos. As contradições sociais parecem gritar em nossos ouvidos de uma maneira que nunca ouvimos. A superficialidade das relações se torna evidente e muitos encontros se esvaziam. Porém, a capacidade de sentir-se é ampliada, e com o sentir das próprias dores algo começa a se transformar dentro de nós.

O sentir com consciência intensifica nossa capacidade de autoanálise e de autocuidado e, sem que se perceba como, esse acolhimento interior se reflete no florescer da sensibilidade, da empatia e do autovalor e, portanto, no desabrochar do verdadeiro amor.

A vida pode ser cheia de sentido, florida e perfumada, mesmo para a pessoa que viveu muitos constrangimentos, se ela for capaz de se relacionar com suas dores, de modo a transformá-las em adubo para o seu jardim interior.

Essa é a minha proposta quando eu lhe instigo a pensar qual é a sua dor, e tenho certeza de que você não vai se arrepender de descobri-la.

Parte I
Desvendar-se

Coragem para desvendar-se

Se depois de Freud pudemos falar mais abertamente sobre sexualidade, ainda não se pode dizer o mesmo em relação a dores emocionais, feridas e traumas psicológicos. Por meio de uma nova concepção de desejo e prazer, o pai da psicanálise foi essencial para assumirmos energias básicas de vida e de morte no psiquismo, retirando o peso moral castrador, e revermos a noção de vício e pecado. No entanto, ainda resistimos ao lugar da vulnerabilidade, da fragilidade humana e das necessidades não atendidas.

Reprimir as dores emocionais, assim como negar a sexualidade, foi parte de um processo de desumanização cruel ao qual os adultos de hoje em dia estão submetidos. A grande maioria não se reconhece como um ser humano e é incapaz de identificar as dores profundas que lhe habitam, abandonadas no inconsciente.

Assim como os grandes pensadores precisaram de coragem para se expor e trazer à tona teorias revolucionárias que contribuíram com o desenvolvimento da humanidade, todos nós, embora em uma instância bem menor, precisamos dessa mesma coragem para nos desvendarmos sem justificativas, escamoteamentos ou distrações.

Todos temos dores psicológicas, ainda que muitas vezes tentemos negá-las, como se a ausência delas comprovasse força, maturidade ou inteligência emocional – o que não é verdade. Agimos da mesma forma que há algumas décadas, quando se negavam as energias sexuais como constitutivas do psiquismo humano, e somos guiados pelas mesmas dificuldades pessoais e pelos mesmos conflitos morais nos quais aquelas pessoas estavam imersas.

Em sua autobiografia, Jung compartilha sua percepção de que todas as pessoas, em especial aquelas com diagnósticos de transtorno mental, têm uma história que não é contada e que, em geral, ninguém conhece. Para ele, a verdadeira terapia só começa depois de examinada a história pessoal (Jung, 2015, p. 129)

Nessa perspectiva, para que este livro tenha o efeito terapêutico ao qual ele se destina, você precisará de coragem para, primeiro, desvendar sua história pessoal, como processo inicial do acolhimento que pretendemos alcançar. Para isso, um dos aspectos essenciais é que você volte a atenção para as suas dores e esqueça os demais por ora. Enfatizo isso porque é muito mais fácil, e menos desprazeroso, pensar nas feridas dos outros do que nas nossas próprias. É uma fuga de si, inconscientemente.

Sem que você perceba, a atitude de olhar para o outro, que parece nobre ou valorosa, pode ser um ato de resistência por parte do ego, que não quer se deparar com as próprias dores. Se não mantiver a atenção, nem vai perceber que está fugindo do encontro desconfortável.

Esconder-se por trás das posturas de bondade ou de suposta superioridade pode ser alienador, especialmente para as pessoas religiosas que buscam a caridade como forma de "salvação", esquecendo que Jesus enunciou o amar ao próximo *como* a si mesmo[1].

---

1 Não me parece que há possibilidade de reconhecimento do outro, muito menos de ofertar-lhe algo, enquanto vivermos desconectados de nosso mundo interior. Essa foi uma das teses que desenvolvi ao longo das minhas obras, mas em especial, na análise do egoísmo, em *Qual é o seu legado?* (Reikdal, 2022b).

É uma tentação pensar nas dores da infância do marido ou da esposa, que aparentemente teve dias muito mais difíceis do que os seus, ou de um irmão ou uma irmã que viveu um outro momento na família e sofreu com isso. Também há a tentação de pensar nos pais que passaram por situações mais delicadas quando pouquíssimo se entendia de educação, sem falar nos que viveram privações familiares e econômicas.

Não julgo que essas situações não sejam verdades dolorosas. Podem ser realidades inegáveis, mas não estamos aqui para estabelecer uma linha de prioridade de atendimento, como numa unidade de emergência onde os mais graves entram primeiro.

Este livro é seu, está em suas mãos, então entenda isso como o convite que a vida está fazendo para que você se depare com as suas dores, sem cair nas possíveis artimanhas do ego, a fim de não encarar aquilo que o constrange. Você pode repassar o livro para outra pessoa depois, mas não deixe que a vida do outro o distraia da sua, nem que as dores dele ganhe mais atenção do que as suas – as quais talvez você ainda nem saiba que tem.

É difícil sustentar uma percepção sobre si, desvendar-se dos ideais alimentados até aqui e assumir um trabalho de análise e autoacolhimento. Como estou explicando, o ego cria resistências que são inconscientes, não percebidas com facilidade, e uma delas é olhar para o outro, para aquele que parece precisar mais ou que supostamente está sob maior sofrimento, com o propósito de fugir do contato consigo mesmo. Não caia nessa!

Outra forma de resistir sem perceber é teorizar. Essa é uma ação danosa, pois muitos leitores, justamente por terem hábitos mais intelectuais, correm o risco de racionalizar o que sentem, explicar, compartilhar com os demais, sem se aprofundarem em si.

É difícil estabelecer a diferença entre o uso do raciocínio como uma habilidade para se conhecer ou como um mecanismo de defesa do ego para se justificar e impedir o despertar da consciência. Nos dois funcionamentos há o racional atuando, porém, no primeiro caso o raciocínio está a favor do autodesvelar-se, enquanto no segundo está a favor do esconder-se de si mesmo.

A racionalização, dizia uma amiga minha, é como estar sempre arrumando as malas para uma viagem que nunca vai fazer. A pessoa fala do tema, tem entendimento dele, mas não vive a experiência porque não conseguiu trazê-la para a própria vida interior. Tem os conceitos em mente e até consegue falar de algumas das dores que enxerga, mas se blinda por trás dos vidros vigorosos da intelectualidade que a impedem de sentir. Essa é a viagem não realizada, pois é o sentir que abre espaço para a experiência transformadora.

Assumir a postura de compromisso pessoal vai fazer toda a diferença no seu próprio percurso, e também no percurso de outras pessoas. Afinal, se você não consegue olhar, acolher e lidar com as suas próprias dores primeiro, certamente não conseguirá fazer isso com as dos outros. No máximo, o que você fará é projetar os seus conteúdos inconscientes neles, como os pais que foram oprimidos e agora não conseguem colocar limites nos filhos, com receio de serem rejeitados, ou das mulheres filhas de mães narcisistas, que se colocam em relações abusivas por não conseguirem impor limites devido ao desconhecimento das forças em si.

Para não cair nesses buracos, assuma que este momento é seu. Aproveite para desvendar-se e acolher-se. Por mais doloroso e constrangedor que inicialmente possa ser, é parte do seu processo terapêutico.

Caso ao longo desta leitura/reflexão você perceba que pode ampliar suas percepções ou contribuir com outras, não dê vazão a isso de imediato. O que proponho é que você deixe para pensar sobre os outros ou sobre os contrapapéis em uma próxima leitura. Assim, você garante que está em conexão consigo, sem distrações ou fugas, e em um segundo momento oferece espaço para o outro como consequência do seu autocuidado, sem correr o risco de continuar se abandonando.

Educação psicológica

Já está clara a importância da educação sexual e da educação financeira. Hoje em dia algumas pessoas têm falado da educação ambiental e até da educação emocional, mas ainda quase nada se fala sobre educação psicológica.

Tenho usado a expressão "educação psicológica" para definir o processo que o sujeito constrói de busca de si mesmo e por conhecer melhor uma realidade que não é visível aos olhos materiais, mas que está presente. Esse olhar psicológico precisa fazer parte do cotidiano das pessoas e tornar-se um bem acessível a todos[2].

A educação psicológica para o autodescobrimento é a abordagem que estimula as pessoas a se conhecerem pelas lentes da psicologia profunda, ou seja, é o entendimento de que somos seres complexos, influenciados por inúmeras forças inconscientes, e precisamos aprender a lidar com elas em vez de tentar suprimi-las para uma melhor adequação ao coletivo. Nessa perspectiva, a educação psicológica nos ajuda a entender que somos influenciados por um corpo físico e por uma sociedade, mas que, acima de todas as experiências que a vida nos oferece, existe a forma como lidamos com elas.

---

2 Essa ideia de que a psicologia deveria ser "um bem acessível a todos" vem de C.G. Jung, reportando-se à capacidade de autoanálise e à autoeducação. Naquele tempo, a distância que a psicologia teria que percorrer para chegar ao cotidiano das pessoas era tão grande, que ele disse: "Entre a reivindicação desse direito e a realidade do mundo atual há um abismo. Um abismo sem ponte para atravessá-lo. Esta ponte ainda precisa ser construída, pedra sobre pedra" (Jung, 2013, p. 89).

Um sujeito educado psicologicamente sabe que a plenitude humana tem relação com o desenvolvimento do seu potencial, e esse potencial muitas vezes está soterrado por dores, feridas, complexos e traumas que precisam ser analisados e vividos com atenção. Isso me remete a uma frase de James Hollis, na obra *A passagem do meio*, que me estimula a trazer essa abordagem psicológica para o cotidiano. Ele diz: "A experiência do início da infância, e posteriormente da nossa cultura, nos alienou de nós mesmos" (Hollis, 1995, p. 131).

A maioria de nós não teve uma educação com bases psicológicas que favorecesse a conexão interior, e é preciso correr atrás desse tempo perdido, em especial para aqueles que nasceram na década de 1980 e antes, vivendo uma educação que foi alienadora da realidade interior. Naquela época, a preocupação básica dos pais era adaptar os filhos à sociedade, sobretudo para que o homem não virasse um "vagabundo" em termos da sua conduta profissional e a mulher não virasse uma "vagabunda" em termos da sua conduta sexual.

Nessa perspectiva, educar era sinônimo de castrar, dobrar o sujeito às regras sociais e eliminar os impulsos considerados inferiores, a fim de que virasse "alguém na vida"[3]. Ninguém se perguntava para onde iriam esses impulsos reprimidos. Supunha-se, antes de Freud e da ideia de inconsciente, que os impulsos e más tendências eram eliminados, sem entender que esse processo de repressão estava apenas adiando e intensificando um problema futuro, inevitável, de encontro do sujeito consigo próprio.

---

3 Outras visões de educação foram defendidas, entretanto. Há muito tempo, para citar apenas alguns exemplos, Jean-Jacques Rousseau (1712-1778) e Johann Heinrich Pestalozzi (1746-1827) falaram da educação como caminho para o desenvolvimento humano. Mais recentemente, nas décadas de 1980 e 1990, a teoria das inteligências múltiplas, de Howard Gardner (1995), e a da inteligência emocional, de Daniel Goleman (1996), revolucionaram a forma de pensar a educação, mas com pouca repercussão na vida cotidiana.

Ainda é um desafio pensarmos a educação em termos de autoconhecimento e percebermos que educar psicologicamente tem relação com oferecer suporte e recursos para o indivíduo compreender a si mesmo e, assim, estabelecer uma relação genuína com o mundo.

Quando entendemos essa lógica, fica evidente que a educação psicológica engloba a ideia de nossa inserção e adaptação ao mundo. Esse processo parte de dentro para fora, ou seja, não se inicia pelas regras sociais, e, sim, pelo reconhecimento de nossos traços de personalidade, tendências e necessidades, e então se direciona para o modo como isso pode se presentificar no mundo.

A educação psicológica inclui controle dos impulsos, cultivo das emoções e cumprimento de normas, pois sem isso é impossível viver em sociedade. Mas o diferencial é que tudo isso tem uma abordagem muito mais humana quando se parte da subjetividade para a objetividade.

Há inúmeros mundos dos quais podemos fazer parte. Alguns são mais rígidos, exigentes, outros mais criativos e expansivos. Todos eles podem ser habitáveis, assim como a maioria da relações podem ser suportáveis, desde que haja conexão interior que determine o tempo e o espaço delas dentro de nós.

A maioria está imersa em uma cultura de hipervalorização do comportamento e da aparência, mais do que da psique e da essência, sem perceber que isso esvazia a alma, porque necessitamos de conexões – profundas e verdadeiras.

A conclusão é que não há como encontrar saúde psicológica se não tivermos mínimas noções de quem somos.

A alienação de nós mesmos

Certamente há pessoas que não acreditam ter dores emocionais, feridas ou traumas. Em geral, são indivíduos que se acreditam fortes, maduros e bem-sucedidos. Porém, por trás da fachada social que alimentam, há sempre um escape, um elemento perturbador, uma experiência às escuras, uma força contrária que declara que as coisas não estão tão bem assim.

Nessa perspectiva de identificar como nos alienamos de nós mesmos e de nossas dores, os vícios e distrações têm um papel muito importante. No entanto, essas práticas se tornaram tão comuns em nossa sociedade, que atualmente passam despercebidas.

Estar alienado por meio dos vícios, das distrações e do entretenimento virou algo tão comum que aqueles que não se dão a essas práticas é que parecem ter problemas. Como assim, você não bebe para se divertir? Ou: como assim, você não tem televisão em casa? Você não assiste essa série? Você nunca fumou um baseado? Qual o problema de um simples joguinho de celular? Onde está o crime em consumir pornografia ou trair no relacionamento de vez em quando?

A grande massa está vendida aos silenciadores da alma, como o rei que precisava do bobo da corte para evitar se sentir sozinho ou angustiado.

Os entorpecentes legalizados estão por todos os lados, como é o caso dos joguinhos de todos os tipos, às mãos das pessoas, gratuitos e *offline*, mantendo-as distantes de seus sentimentos e de sua realidade interior.

Eles atuam de modo ardiloso, não apenas pela capacidade de distração, mas também porque ativam áreas específicas do cérebro que estão relacionadas ao prazer. As pontuações não sobem do 1 para o 2 e depois para o 3; aumentam sempre em centenas, milhares, em crescimento astronômico. E no mesmo tom são os elogios quando você completa uma palavra ou matou o inimigo: "Fantástico!", "Você é incrível!", "Espetacular!"

Não tão diferentes disso são os intermináveis filmes, séries, novelas e notícias, que, embora possam trazer algum conteúdo, em vários momentos servem como silenciadores da alma, quando não, como compensação para as pessoas se sentirem superiores em encontros sociais, por estarem cheias de informação ou de conhecimento.

Os estudos sobre dopamina e o sistema de recompensa do cérebro têm mostrado que a situação é muito mais complexa do que imaginamos, e pouco se dá atenção a isso. O simples ato de checar se há mensagens novas no celular é uma droga para muitas pessoas, do mesmo modo que ficar rolando a tela do Facebook ou do Instagram. Esses atos aparentemente inofensivos têm diminuído a capacidade de atenção, de concentração e, por fim, de enfrentamento e resiliência diante das situações desprazerosas da vida.

O cérebro permanece envolvido em experiências tão rasas e superficiais e capazes de lhe oferecer prazer tão rápido e fácil, que ao precisarem se deter em um livro, por exemplo, as pessoas têm encontrado dificuldade.

O mundo do prazer, do exibicionismo, do consumo, ao lado do álcool e das drogas, impede-nos de desenvolvermos a capacidade de lidar com as dores psicológicas. É conhecida de todos a cena do homem na cidadezinha pobre que, ao descobrir que era traído pela mulher, vai para o bar beber. Acontece que essa cena está multiplicada na atualidade de uma maneira tão mais bem elaborada, que as pessoas não percebem que estão repetindo o mesmo padrão degradante, alienadas de si mesmas.

Viajar, comprar, sair para comer e postar sucessos e ganhos nas redes sociais são algumas das milhares de novas formas que as pessoas encontram de esconder suas dores e frustrações. Mas, como isso tem sido valorizado – porque a grande maioria está imersa nessa cultura –, o aplauso do outro (ou a *curtida*) acaba virando mais uma fonte de alienação, ou seja, o olhar do outro vira mais uma das drogas lícitas que alimentam a loucura da atualidade.

Em meio a esses discursos é tempo de começarmos a criar a cultura do autodescobrimento, a valorização da educação psicológica, do reconhecimento de nossa interioridade (que merece mais atenção do que a exterioridade), do sentimento (que tem mais valor do que a cifra bancária) e da essência (que precisa de mais respeito do que a aparência).

Mas para isso é preciso menos distração e mais atenção!

Se não formos capazes de romper com essa cultura alienadora, não conseguiremos nem sequer desvendar nossa interioridade e assumir que somos seres humanos doloridos. Sem essa descida do pedestal das idealizações e dos prazeres, sem o acolhimento do humano, continuaremos mantendo as feridas abertas e sangrando, tentando nos anestesiar pelas dependências de todas as ordens, pelas compulsões ou vaidades, tentando fingir que estamos intactos, quando na verdade estamos despedaçados interiormente, e inconscientes disso.

A alienação pela religiosidade

Ainda em termos de alienação de nós mesmos, quero ressaltar um outro aspecto que acho que tem alimentado a nossa distância em relação às próprias dores: a religiosidade malconduzida.

Muitos movimentos religiosos têm perdido força porque as pessoas já não se submetem com facilidade aos discursos de opressão e silenciamento. Por muito tempo os discursos religiosos produziram alienação interior, inspirados pelas más interpretações do mandamento "honrar pai e mãe" ou pelo desentendimento das colocações de Jesus nas bem-aventuranças ou em outros sermões de amor.

Discursos hierárquicos e impositivos que desencorajam as pessoas a reconhecerem suas dores, e por consequência seu valor, atuam como forma de manutenção de poder.

Sentimentos negativos, nessa perspectiva, são julgados como pecado, na intenção de fazer os fiéis negarem o que sentem e se submeterem a determinadas práticas com a intenção egoica de ganhar o céu. Sendo assim, pelo medo de irem para o Inferno e pela prepotência de serem reconhecidas pelo Senhor, deixam de ser fiéis a si mesmas, preferindo negar as verdades interiores e tentar se impor a uma realidade psicológica alienante, de condutas e *personas* impostas, para atender uma expectativa desumanizada.

Esses discursos predominaram por séculos em nossa sociedade, e foram perdendo força com a modernidade e a valorização da razão. Porém, mesmo nos dias de hoje, em pessoas que não frequentam qualquer instituição religiosa, essa dinâmica psicológica de pecado e Inferno é facilmente identificável. Ela consiste nesse olhar medieval, de punição, culpa e promessa de que os submissos e inferiorizados serão elevados (sem perguntar a quem são submissos ou por quem são inferiorizados).

Certamente o problema não são as religiões em si, mas a forma como algumas delas são conduzidas. Afinal, quando dirigidas ou interpretadas por pessoas que não são capazes de acolher sua própria humanidade, não terão o que oferecer em termos de acolhimento e humanidade aos seus fiéis.

O autodescobrimento nos convida à maior autonomia, ou seja, à maior capacidade de reflexão, que sai da aparência e do comportamento para compreender a essência – o que há por trás das posturas e condutas que se supõem corretas.

Parece que foi isso que Jesus queria ensinar quando sinalizou a grandiosidade da oferta da pobre viúva que deu apenas duas pequenas moedas no templo (Marcos 12,41-44), ou a beleza da oração do publicano que não pedia nada ao Senhor porque reconhecia-se como um pecador (Lucas 18,9-14).

Jesus teve uma postura de extremo acolhimento e cuidado a todos aqueles que estavam fragilizados, feridos e necessitados de amparo. E, no oposto, foi duro e impositivo com todos aqueles que se colocavam como fortes e superiores. Quem sabe aí haja um bom direcionamento para nossas reflexões.

Por isso reforço que o problema não está na religião em si, mas na forma como as pessoas podem viver essa religiosidade: de modo opressor ou libertador. Esse tema é estudado na psiquiatria como "*coping* religioso positivo" e "*coping* religioso negativo", demonstrando que a religiosidade pode ser destrutiva ou produtiva, a depender da maneira como é interpretada e vivenciada.

A alienação pela positividade

Na mesma perspectiva da alienação pelos discursos religiosos malconduzidos, hoje a alienação é também alimentada pelos discursos de positividade presentes em novas vertentes espiritualistas e pseudopsicologias que igualmente contribuem para continuarmos de olhos vendados para a realidade interior.

Em um primeiro momento, elas não parecem repressivas, afinal a partir delas as pessoas falam de suas dores e dificuldades. Porém certos indivíduos expõem suas fragilidades para si e para os outros com a finalidade de mostrar que já as superaram, que são melhores e mais evoluídos do que os demais.

Essas vertentes positivas ou espiritualizadas podem ser interpretadas como as novas roupagens da religião antiga que castrava e oprimia sem ser percebida como tal. Se antes não se podia falar de raiva, sexualidade e dores psicológicas, hoje se fala dessas questões, mas a raiva é positiva e vem acompanhada de palavras fraternas, a sexualidade é sublimada e decorrente de uma lista de proibições implícitas, e a simplicidade virou o novo altar de exaltação egoica para os eleitos. As dores do passado já foram curadas com alguma visualização bendita, numa fantasia de transcendência da matéria que obriga as pessoas a reprimirem aquilo que não é evoluído espiritualmente falando.

Não quer dizer que todas as abordagens positivas têm esse mesmo caminho. Mas os distraídos não conseguem perceber as nuances. Quem compreende um pouco de personalidade, numa perspectiva mais profunda, consegue identificar a diferença entre os discursos positivos – que brotam como consequência de um cultivo interior – e os discursos impositivos – que querem plantar flores artificiais para compensar a ausência de trabalho interno.

Hoje há uma avalanche de discursos rasos, mas vendáveis, de soluções mágicas, que negam a realidade interior anunciada por Freud há mais de 100 anos. As pessoas são estimuladas a fazer mudanças exteriores, com os *slogans* de "Coloque um sorriso no rosto, que a felicidade vem", como se o mundo interno se submetesse a transformações exteriores.

O desafiador no confronto com esses discursos é que o indivíduo que deseja se modificar tenta operar ingenuamente essas mudanças. No entanto, ao não obter êxito, em vez de reconhecer que são propostas superficiais, acaba por se culpar e se sentir incompetente para mudar sua vida – afinal, era só colocar um sorriso no rosto...

Esses discursos positivos tornam-se prejudiciais na medida em que silenciosamente impedem a pessoa de sentir e expressar suas dores, como se a insegurança, o medo, a fragilidade, a angústia e a dor fossem coisas inferiores, inadequadas, que precisam ser superadas com pensamentos positivos e sentimentos de gratidão.

Sem perceber, essas pessoas estão alimentando ainda mais as suas dores, pois reproduzem uma prática "positiva" que, no fim das contas, continua fazendo-as negarem suas verdadeiras necessidades e se afastarem delas mesmas.

Parte II
Olhar-se

O mundo interior

Após tirar algumas das vendas que nos impedem de enxergar as dores, precisamos entender o que é esse "dentro" para onde nosso olhar deve se voltar. Como disse, a maioria de nós está voltada para fora, sem a menor ideia de que existe um mundo interior, intenso, exigindo atenção e cuidado.

O reconhecimento do mundo interior[4] não é o único elemento da educação psicológica, mas certamente é uma parte importante dela, absolutamente necessária para conseguirmos acolher nossas dores. Esse

4 Em alguns momentos, no capítulo "As etapas da vida humana" (vol. 8/2 da Obra Completa), Jung (2012) usa a expressão "vida psíquica" e fala da importância de termos conhecimento dessa realidade e das transformações internas que vivemos.

mundo interior é o reino onde habitam as dores psicológicas, e se não fomos educados para compreender essa realidade quando éramos crianças, precisamos agora nos educar psicologicamente para enxergá-la e saber como lidar com ela.

Pelo não reconhecimento da vida psíquica, as pessoas vivem essa busca frenética por adaptações comportamentais, receitas prontas para mudanças de hábitos e novos condicionamentos, como se isso fosse capaz de dar sentido à vida e resolver todos os seus problemas psicológicos.

As ações do ego, quando não têm raiz na vida interior, são passageiras, porque rasas. Criam-se expectativas, moldam-se comportamentos, veem-se alguns resultados, mas logo decaem em antigos padrões, em ciclos viciosos, de altos e baixos, porque não houve eco interior.

As grandes transformações que vivemos, e que de fato nos preenchem independentemente das condições materiais, não são escolhas do ego, e sim consequência de uma consciência que despertou. O que o ego faz de mais importante é se abrir para reconhecer e ouvir o mundo interno. Assim, ele é transformado pelo encontro entre a consciência e o inconsciente, em vez de tentar se impor a este último.

Acontece que a vida interior é um mundo verdadeiramente desconhecido para quase todos nós. É como se tivéssemos que viver em um mundo onde, por não sabermos o idioma, não conseguíssemos nos expressar e fôssemos negando o que sentimos.

Associar palavras a algumas das experiências emocionais pode funcionar como desenvolver lentes que permitem a ampliação das percepções. Por meio dessas lentes, as pessoas conseguem olhar para sua própria história e identificar elementos que passaram despercebidos, porque não tinham sido nomeados, e perceber a influência deles na vida atual.

Claro que é muito fácil confundir isso com a intelectualização, que, conforme expliquei, pode ser uma forma de evitar o sentir, mantendo a experiência no âmbito intelectual como uma maneira de se proteger do afeto. Mas prefiro correr esse risco tentando nomear o mundo interno a deixá-lo abandonado.

Falar sobre o mundo interior é um grande desafio porque não estamos tratando de algo concreto nem mensurável. Todos os esquemas e palavras são insuficientes para descrever o que vivemos. Ao mesmo tempo, o mundo interior não é algo que se possa quantificar a ponto de se ter certeza a respeito dele. Não é da dimensão do exato nem do concreto. Estamos nas ciências humanas!

Em termos psicológicos, eu diria que o mundo interior é o encontro entre o passado e futuro. Logo, acredito que um aspecto essencial da educação psicológica para adultos é desenvolver lentes para enxergar seu próprio passado e seu futuro possível.

O mundo interior não é algo estanque e determinado, que pode ser identificado como alguém que abre a porta de uma casa e descobre o que está lá dentro. O psiquismo é algo dinâmico e funciona em termos de energia. Não é algo concreto, preciso e pronto, e por isso é tão difícil de ser apreendido.

O presente, a realidade atual, é apenas a conexão entre as experiências que vivemos no passado e o futuro de possibilidades que temos. O hoje e quem sou não é uma escolha, uma determinação.

O trânsito consciente pelo passado e pelo futuro é uma forma de alimento da vida interior, pois o que você vive hoje é consequência de todas as suas escolhas e experiências até então, e ao mesmo tempo está influenciado por todas as possibilidades que podem ser vividas a partir dali. Assim, o trânsito consciente pelo passado e pelo futuro é uma maneira de construir um presente mais significativo, cheio de sentido existencial – ou seja, é um modo de cultivar o mundo interior.

A riqueza do mundo interior é a materialização da fusão entre a nossa história, incluindo a história de nossa família, nossa ancestralidade e nossa cultura, e os nossos potenciais, forças conhecidas e desconhecidas, pulsantes dentro de nós e da humanidade como um todo.

Acho interessante pensar nessa associação, nesse encadeamento, de modo a entender que a vida interior – o presente – é produto da capacidade da consciência de conectar o passado e o futuro.

O passado não é um livro que já foi escrito e a nós só caberia lê-lo ou relê-lo. A consciência mais ampliada reconhece no passado um reservatório de experiências que são constantemente interpretadas e reinterpretadas, a depender do nosso nível de maturidade. Além disso, eventos que foram traumáticos em determinado momento podem se tornar a mola propulsora para a sensibilidade no futuro. Mas se a pessoa nega esse passado ou é incapaz de transitar por ele, está eliminando uma ótima oportunidade de viver uma genuína amorosidade.

A conclusão até aqui é que a forma como nos relacionamos com o passado é algo profundamente transformador, muito mais do que as experiências em si. Acredito que, por isso mesmo, não deveríamos nunca parar de aprender a nos relacionar com o passado. Cada livro, cada conceito, cada conversa ou reflexão pode ser uma nova lente para observar as experiências passadas por outro ângulo e, assim, viver novas transformações, de dentro para fora.

No entanto, as transformações profundas não têm relação apenas com o que a pessoa é hoje ou com o que ela faz do seu passado. Tais mudanças também são influenciadas, de alguma maneira, pelo futuro de cada indivíduo. Do mesmo modo que surgem novas lentes para enxergar o passado com maior apuro, desenvolvemos novos modos de perceber o futuro, e isso nos transforma, como um impulso interior que conduz o ego.

É fácil observar como as pessoas agem diferente no presente porque enxergam diferentes futuros para elas mesmas. Quem acredita em um futuro de tranquilidade financeira acaba por trabalhar mais ou guardar mais dinheiro do que aquele que não pensa no futuro. Do mesmo modo, aquele que vê poucas possibilidades de um futuro melhor já se enterra em vida, destruindo seu próprio presente.

A relação com o futuro faz as pessoas acordarem todos os dias, estimula o crescer e o caminhar. Porém, quando as preocupações com o futuro se restringem a estabilidade financeira, aquisições da aparência e evitação de sofrimentos, as pessoas ficam alheias ao melhor que o futuro tem a oferecer.

O ser humano da atualidade está adoecido, e parte do motivo disso está na sua incapacidade de ouvir o futuro, que é rico de possibilidades. As inseguranças atuais, o desejo de controle e as preocupações exteriores fazem as pessoas se desvincularem do mundo interno, porque se desconectam do futuro para ouvir o materialismo assombroso.

Não há jardim bem cultivado que não vá florescer! Podem existir desafios em relação ao solo e ao clima, mas há flores para todos os jardineiros fiéis e persistentes. É da natureza. É da lei. Só que essas flores não são materiais – afinal, estamos falando da vida interior.

O trânsito pelo futuro pode ser transformador. Mas ele não envolve o diálogo do ego com "o que eu quero ser", e sim a pergunta sincera que o ego faz para a vida: "O que eu posso ser?" A capacidade de ouvir ou sentir o futuro transforma o presente, porque ela revela o que ainda não reconhecemos a nosso respeito, mas que está em nós; é como a semente de carvalho, que carrega em si um futuro inimaginável que precisa ser cultivado.

Ainda, quero ressaltar que a capacidade de ver e ouvir o futuro não se restringe apenas a uma influência direta no presente. Como eu dizia, somos o encontro entre o que vivemos e o que podemos viver. Cada um desses polos influencia diretamente o outro, em um movimento dinâmico que não conseguimos apreciar com clareza.

Quando se envolve na leitura do futuro e das possibilidades reservadas para aquele que está comprometido com seu mundo interior, essa interpretação de um futuro mais generoso influencia diretamente a forma de ler o passado. Isso não é negar as dores e dificuldades. Muito pelo contrário. Quanto mais o sujeito se nutre de si mesmo e quanto mais se abre para as possibilidades de um futuro diferente, mais ele tem condições de se voltar para o passado e enxergar suas dores e seus constrangimentos por um ângulo que não tinha visto antes.

Da mesma forma, o passado interfere na leitura dos possíveis futuros. Quando você lê seu passado restritamente pelos fatos materiais e externos, você constrange suas possibilidades de futuro. Essas são as pessoas que justificam seu presente pelo seu passado, que se enquadram dentro de suas famílias e se recusam a ir além, porque estão presas naquilo que a vida lhes ofereceu. Sem perceber, essas pessoas estão determinando seu próprio futuro. Ao não enxergarem outras formas de interpretar o passado, não conseguem ouvir as diferentes possibilidades de futuro que a vida pode oferecer. Portanto, desenvolver a capacidade de ler o passado por novas lentes e de ouvir aquilo que foi silenciado, de bom e de ruim, de agradável e de desagradável, influencia diretamente o seu futuro, e portanto, a forma de ser no presente.

O que somos não é um plano consciente ou uma estratégia materialista, e sim a consequência de uma consciência aberta, mais ampliada, de alguém que realmente deseja se conhecer.

Tudo o que o ego precisa fazer é se abrir para acolher seu mundo interno, sentir o que ele já foi, incluindo suas dores, e ao mesmo tempo, sentir tudo aquilo que pode ser a partir das experiências dolorosas que viveu e da maneira e como se relaciona com elas, sem restrições, sem justificativas ou medos.

Eu diria que a vida é uma força que nos direciona ora para o passado, ora para o futuro, e as pessoas que conseguem ouvir ou sentir essa direção, sem ficar presas a elas, desenvolvem a capacidade de criar conexões mais significativas e profundas, e por isso desenham um novo sentido para a existência.

Dores, feridas e traumas

Até aqui eu falei das dores emocionais sem definir mais precisamente o que são, e fiz isso com certa intenção. Primeiro, quis mostrar que as dores fazem parte da nossa natureza e não prescindem de qualquer intelectualização para serem identificadas. Além disso, quis mostrar que não há necessidade de uma definição específica, como um conceito psicológico a ser reproduzido, para entender a necessidade de identificar e acolher nossas dores emocionais.

Trago aqui uma definição desvestida de qualquer preocupação acadêmica, como forma de facilitar o seu entendimento sobre si. É uma tentativa de ampliar suas lentes para observar o mundo interior.

A dor psicológica é a experiência de não ter as necessidades essenciais atendidas. Certamente precisamos desdobrar essa definição, diferenciando uma necessidade de um capricho egoico, e uma necessidade comum de uma necessidade essencial. Mas por hora quero adentrar esse lugar estranho de pensar que todo ser humano teve, e muito provavelmente ainda tem necessidades que não foram atendidas, e isso produz uma dor emocional que, enquanto não for sentida, acolhida e endereçada, vai continuar a perturbar a consciência, interferir nas reações e impedir novas possibilidades.

A dor emocional que apresento não é a mesma coisa que ferida e trauma emocional. Na ferida, as verdades da pessoa foram desrespeitadas. É diferente de não serem vistas ou negligenciadas. A negligência pode ser uma forma de desrespeito, mas é algo mais para o desconhecido, para a ausência, do que um cerceamento, menosprezo ou vilipêndio. Já no trauma, os limites é que foram desrespeitados. Existe uma experiência que não foi processada pelo sujeito, por ter um caráter insuportável, devido ao extrapolar dos limites.

Todas essas experiências são amplas e difíceis de serem definidas, especialmente porque alguém pode experienciar o mesmo sentimento em diferentes situações e com diferentes intensidades. O sentimento de rejeição ou abandono, por exemplo, pode emergir a partir de experiências de dor ainda na infância, quando sua necessidade de atenção ou reconhecimento foi desconsiderada, em uma família que não valorizava a arte ou a sensibilidade; pode brotar das feridas decorrentes dos atos de uma mãe que competia e diminuía essa criança em tudo que ela fazia de bom, criticando e depreciando quem ela era; pode resultar de uma experiência traumática de abuso sexual ou de poder, em um contexto que era acolhedor, mas no qual se foi vítima de um abusador específico; ou, ainda, pode ser consequência de um complexo de rejeição ou abandono, que lhe fazia enxergar esses sentimentos em situações comuns, como o nascimento do segundo filho.

Entende a complexidade da situação?

A dor psicológica é a experiência desagradável, o constrangimento, o vazio, o não retorno, a ausência de reconhecimento ou suporte. Pode ser descrita também como a experiência da invisibilidade, da não importância, da negligência emocional, do descuidado dos aspectos essenciais. Quem sabe, para facilitar, seja possível pensar que essa dor é da dimensão da ignorância ou da negligência, enquanto a ferida e o trauma estão no campo do desrespeito e da adversidade emocional.

Certamente posturas de negligência podem produzir traumas, como um bebê que ficou abandonado por horas, porque sua mãe teve um infarto, e não recebeu cuidados até que alguém descobrisse a situação e tomasse providências. Mas o que enfatizo é que não é esperado que um bebê fique sem cuidados por um longo período, o que me faz entender que ele não foi submetido a um desrespeito. Independentemente de intencional ou não, no trauma há uma experiência de dor que o sujeito não consegue processar, e por isso traumatiza.

Ainda, no trauma há outros elementos da personalidade do sujeito que favorecem a experiência traumática: geralmente elevados índices de inteligência, sensibilidade e autonomia tornam a experiência mais crua e difícil de ser suportada.

Aliado a isso, muitas pessoas que viveram traumas emocionais são criaturas com um brilho próprio que as diferencia da média, e isso as torna alvo mais evidente, seja para uma mãe narcisista, seja para um tio com conflitos na área da sexualidade.

No caso das dores emocionais, as condições básicas de sobrevivência estão atendidas. O que não é atendido é alguma necessidade emocional. Mas não é porque as condições básicas foram atendidas que a experiência não foi dolorosa, deixando a pessoa perdida, sem direção, quando tal dor se reapresenta.

Mas veja bem! Não se confunda com a questão desrespeitosa da ferida ou do trauma, tentando fazer uma escala de dor, pois isso não é verdade. As necessidades essenciais não atendidas produzem um grande mal-estar e podem trazer muito constrangimento, e justamente por isso tantas pessoas evitam entrar em contato com esses aspectos.

Quero deixar claro que minha sugestão é não tentar definir se você viveu uma dor, uma ferida ou um trauma. Seu foco deve ser olhar para as experiências que viveu, entrar em contato com elas, e para isso não há necessidade de qualquer nomeação teórica ou classificação. É preciso sentir!

Necessidades emocionais

Se entender o conceito pode ser fácil, aplicá-lo na vida é um grande desafio!

"Quais são as minhas necessidades?" é uma pergunta constrangedora, por evidenciar como desconhecemos a nós mesmos. Identificar as necessidades emocionais não é um processo simples, porque não é racional. Por um lado, na generalidade, parece que não temos critérios para dizer "Eu tenho essa necessidade" ou "Essa necessidade eu não tenho". Por outro, quando estou com grupos nos quais alguém compartilha algo que reconheceu em si, a grande maioria se identifica, demonstrando que nossas necessidades emocionais são muito parecidas – afinal, somos todos seres humanos.

O ser, na sua condição de fragilidade, dependência, sensibilidade e vinculação, necessita do outro para o seu desenvolvimento mais do que qualquer outro animal na face da Terra. Porém, do mesmo modo que vários aspectos da condição humana não são reconhecidos e aceitos, as necessidades que decorrem disso também não[5].

É de muita importância o olhar do outro – não só no sentido de alguém que cuida da criança e observa problemas ou perigos que a circundam, mas também no sentido de alguém que contempla, admira e se felicita com essa presença. Esse olhar de apreciação nutre emocionalmente o novo ser.

A questão vai além de um simples olhar: é a necessidade de um olhar positivo, pois a

---

5 Para um estudo mais apurado da condição humana, cf. meu livro *Em busca de si mesmo* (Reikdal, 2022a).

forma como o outro classifica o modo de ser da criança e o que ele acredita que a criança pode ser deixará marcas profundas na personalidade dela. Cada atitude da criança será interpretada pelo seu entorno como positiva ou negativa, sentindo-se reforçada ou rejeitada, e ela vai se construindo a partir dessas relações, dando contorno ao próprio ser.

O bebê que chora com frequência pode ser interpretado como um ser sensível ou como um problema, do mesmo modo que uma criança mais fechada pode ser classificada como inadequada ou como introvertida, a depender das habilidades da família, dos seus conflitos e dos seus trânsitos emocionais.

O olhar de aprovação ou de reprovação, nessa fase de intensa vulnerabilidade psíquica, é interpretado como algo vindo mais do sujeito do que da atitude dele. E quem sabe o desejo de ser visto, admirado, aplaudido ou *curtido*, na fase adulta, na sociedade exibicionista, pode ter relação com essa necessidade não atendida de obter o olhar do outro que auxilie a criança fragilizada a enxergar a si mesma com respeito e admiração.

O acolhimento emocional é algo importante, e a sua ausência pode se tornar perturbadora. Não se trata apenas dos cuidados do corpo físico contra as adversidades materiais, mas também do cuidado com a alma. "Quem estava certo?", "De quem é a vez?", "O que você fez?", "Agora não reclama!" são algumas das centenas de frases que demonstram certa adequação externa, mas que podem ter causado muitas dores para aquela pequena criatura que não sabia se defender nem se explicar, fazendo-a se sentir desprotegida ou coagida, inclusive por aqueles que deveriam lhe cuidar.

A sensação de injustiça permeia muitas vidas infantis, e isso não envolve a dimensão concreta, e sim a emocional. Não acredito que os pais sejam, na maioria das vezes, injustos, mas a questão é que não há como julgar algo justo quando não se conhecem os elementos de cada parte; e uma vez que a criança ainda não tem a habilidade de se expressar, de compreender e compartilhar o que houve interiormente consigo, acaba sendo vítima de muitas injustiças.

A segurança emocional é outro tema que ficou, grande parte das vezes, desatendida. Hoje as ameaças de abandono por parte dos pais como forma de educação são muito menores porque já sabemos do estrago psicológico que isso pode causar. Antigamente, diante de um comportamento inadequado da criança, os pais diziam que iriam embora sem ela, por exemplo, ou mesmo contavam aquelas histórias mais esdrúxulas, mas que têm o mesmo feito, ao dizerem que iam chamar a polícia, o Homem do Saco etc.

Fico me perguntando: como cresce um ser humano que sobreviveu às críticas e aos julgamentos dos adultos em relação ao seu comportamento inadequado, e por causa disso teve que lidar com a ideia de injustiça e o risco de abandono? Trago essa questão porque qualquer um sabe (e sente) que vai cometer outros erros, que tem sombras psicológicas e dificuldades comportamentais e que nenhum de nós age perfeitamente. Então, como fica a alma que atrelou o erro ou o mal comportamento à sensação de não ser amada ou ao risco de ficar desamparada?

E a experiência de depender do outro? Quantos pais conseguiram estimular a independência sem produzir constrangimento? Quantos deram suporte emocional para que a criança se desenvolvesse sem depender deles? Quantas crianças conseguem lidar bem com as dificuldades com a coordenação motora, o medo do escuro, entre tantos outros medos como o banho, a escola, as tarefas?

Não estou criticando os pais, pois sabemos que existe o contexto da própria escassez deles, somada à falta de tempo e de paciência e a tantos outros elementos. Mas, independentemente de todas essas justificativas, não podemos deixar de notar que todo esse contexto deixou dores bem marcadas. E para piorar, quando a criança cresce, ao invés de diminuírem as dores, parece que elas aumentam, pois as situações se agravam.

O adolescente precisa de espaço para se aventurar no mundo, fazer novas escolhas e desenvolver a capacidade de pensar por si, e uma nova tempestade começa. A grande maioria dos pais, pelos seus próprios medos e dificuldades, não conseguiu oferecer amparo emocional para esse sujeito se descobrir, ser do próprio jeito e sentir que era amado mesmo que fizesse outras escolhas.

É interessante pensar que boa parte dos pais continuam amando seus filhos até mesmo quando estes se tornam delinquentes, mas essa sensação de "Eu serei amado mesmo que me torne um delinquente" raramente apareceu na educação deles. O medo de que o filho se tornasse um delinquente fazia os pais esconderem o amor, e o jovem, por sua parte, devido a se sentir menos amado, fazia crescer com mais rapidez a sua porção delinquente.

Sentir-se amado ou amada independentemente do que aconteça tem uma força tão grande dentro de nós, em nossas relações... mas tão poucos viveram isso. A instabilidade em termos de amor e vínculo produz grandes dores e traz à tona o desamparo, o abandono e a solidão.

Ainda, acrescentaria que há em cada sujeito uma necessidade de ser ouvido e, mais do que isso, de ser interrogado, no sentido de alguém fazê-lo pensar e criar, pois no diálogo, na interação, o sujeito vai organizando o pensamento e se construindo.

Esse exemplo me faz pensar que as necessidades emocionais não ficam apenas no campo do presente, porque, como um ser em potencial, desenvolver-se é um aspecto essencial. O que se espera de alguém influencia a visão desse alguém sobre si e suas possibilidades. Se um cuidador desacreditasse da capacidade de um bebê ficar de pé ou andar, esse bebê não seria estimulado a segurar as mãos do adulto e, mesmo com as perninhas bambas, reconhecer que pode se erguer. E sem o fortalecimento desses músculos, jamais ficaria de pé. Também provavelmente não caminharia, uma vez que não haveria ninguém batendo palmas e chamando a criança, incentivando-a a se aventurar nos primeiros passos. É interessante que, depois do passo dado ou da palavra balbuciada, há alguém que felicita, que admira e que demonstra que aquilo foi uma vitória, motivando a criança a ir além, porque acredita no potencial dela.

Veja que minha intenção não foi fazer uma lista de necessidades emocionais para você fazer um *checklist* de acordo com a sua vida. Agi da mesma forma quando listei alguns elementos da condição humana, trazendo exemplos de modo a facilitar que você compreenda a lógica e, assim, aplique-a em sua vida[6].

É sempre bom reforçar que os critérios são interiores. O que você encontra nesta obra e em minha abordagem em geral são instrumentos ou direcionamentos de como fazer a sua viagem interior, mas o caminho dessa viagem é pessoal e intransferível.

O que quero reforçar agora é que não fomos atendidos em nossas necessidades. Isso é um fato!

Você não precisa tentar esconder isso de ninguém. Não fomos atendidos por conta de inúmeros fatores, incluindo a alienação social, a concepção de educação e as dificuldades de nossos pais, que também eram pessoas constrangidas emocionalmente. Mesmo nos

---

6 Na obra *Em busca de si mesmo* (Reikdal, 2022a), eu apresentei algumas características da condição humana, como imperfeição, pequenez, dependência e fragilidade, e aqui ressalto essa publicação porque acredito que ela seja uma importante base de transformação interior para o aprofundamento nas dores emocionais.

dias de hoje, com abordagens educacionais que levam em consideração o sujeito e suas necessidades, o resultado não é muito diferente.

A questão é que a criança está se inserindo no mundo e descobrindo aspectos a respeito de si e dos outros, e tudo isso faz parte da estruturação do psiquismo. O ego está se formando a partir dessas relações, e muito do futuro do indivíduo começa a tomar forma ali. Não existe algo pronto para simplesmente ser desvelado, por isso muitas necessidades emocionais não podiam ser comunicadas.

É importante compreender isso para entender minha afirmação categórica de que todos temos dores emocionais. Independentemente da sociedade em que vivemos ou da educação ou dos pais que tivemos, não fomos atendidos em nossas necessidades essenciais porque nós mesmos não tínhamos consciência de quais eram essas necessidades. Essa é uma concepção um tanto diferente da Teoria do Apego, de John Bowlby, pois aquele modelo, intencional ou não, coloca uma imensa responsabilidade nos pais, e não é isso que pretendemos fazer.

Desde a década de 1930 Bowlby já tinha interesse pelos efeitos de diferentes formas de experiência familiar sobre a criança. Parece que sua pesquisa central era compreender o que acontecia, quando por qualquer razão, as necessidades de um bebê não eram suficientemente satisfeitas no momento certo (Bowlby, 1982). Mais a frente ele especializou suas pesquisas na questão do vínculo como uma necessidade básica, tomando como referência outros estudos que já haviam estabelecido os três tipos básicos de vínculo, para definir uma relação causal entre as experiências que um indivíduo vive com seus pais e a capacidade posterior para estabelecer vínculos afetivos (Bowlby, 2024).

Embora ainda haja um grande peso sobre o que os pais oferecem aos seus filhos, hoje já temos clareza da importância de pensar o que o adulto faz com o que os seus pais lhe ofereceram quando era criança, e que o reconhecimento da própria história e das próprias necessidades faz toda a diferença nesse processo.

Muitas das experiências foram simplesmente vividas, marcadas, e logo reprimidas sem a clara percepção do que houve, porque só com o trânsito da vida e o acúmulo de experiências é que as dores começam a se manifestar com mais clareza no mundo interior, abrindo possibilidade de serem conhecidas.

Isso é também fundamental aos pais da atualidade que estão enlouquecendo para não repetir com seus filhos o que viveram. É preciso entender que, mesmo que façam tudo por seus filhos, eles também terão suas dores, pois na infância não existe um ego minimamente estruturado para entender o que está acontecendo em seu mundo interno e poder comunicar-se com clareza.

Somos seres em construção, e as necessidades que temos em determinado momento da vida adulta não serão as mesmas, imutavelmente. Isso quer dizer que, na maioria das vezes, só vamos descobrindo que há uma necessidade emocional na medida em que ela não é atendida.

Sendo assim, não há como fazer qualquer comparação com os demais, nem se justificar em termos de ter recebido muito ou pouco. É um encontro, ou melhor, um desencontro entre o que era necessitado e o que foi oferecido.

Por consequência, podemos dizer que a dor emocional, o constrangimento existencial que vivemos na fase adulta, é uma forma de sinalizar que existe algo do mundo interior precisando de atenção. Por isso mesmo, não há nenhum motivo de vergonha ou constrangimento em acolher essas dores emocionais, pois são resultados do despertar da consciência.

As dores emocionais são, portanto, um caminho de conhecimento de nossas necessidades, ou seja, são parte imprescindível do processo de autodescobrimento.

Então, olhe-se com cuidado!

As dores psicológicas não são danos que o outro causou. São a resultante de um encontro entre o que o mundo ofertou e as necessidades que você tinha/tem.

Homens e mulheres especiais

Ao longo de muitos anos de consultório, *workshops*, cursos e por depoimentos, percebi uma cena que se repetia inúmeras vezes e a qual me emociona sempre que lembro delas, pela intimidade vivida e pelas grandes transformações que se permitiram a partir daquilo.

Vivi muitas relações terapêuticas com pessoas consideradas problemáticas. Gente com muitos sintomas, com defesas egoicas enormes, algumas fechadas para o mundo e outras inadequadamente expostas. Atendi muitos com tentativa ou ideação suicida, outros com vários remédios associados ou considerados pacientes refratários ao tratamento psiquiátrico, desacreditados de si. Além desses casos mais graves, também recebi pessoas que eram bem-sucedidas na sociedade, com certa relevância nas suas áreas e excelente desenvolvimento intelectual, mas internamente devastadas. Tão árido era o mundo interno, que não viviam experiências de entrega emocional, de trocas significativas, de abertura. Algumas delas pareciam ser ótimas ouvintes, necessárias em suas famílias para resolver os problemas, e até de relevo nas demais atividades que desenvolviam.

Não importava a roupagem, a configuração interior era a mesma: de sobrevivência psíquica. Interna ou silenciosamente, havia um sentimento de falta, de inadequação, que as levava a reconhecer em si uma desadaptação ou uma fuga das relações, como se fossem grandes problemas.

Essas eram pessoas com dores imensas, mas, na maioria das vezes, não reconhecidas. Eu me chocava ao ouvir suas histórias e reparar na forma como contavam, passando por cima de detalhes importantes (e dolorosos). Muitas vezes me emocionei ouvindo seus relatos, e elas mesmas tentavam inicialmente me dissuadir, me convencer de que não era para tanto. E sempre eu insisti: "Você consegue sentir o que você está me contando?"

Elas não sentiam; sobreviveram àquelas dores e seguiram em frente. Mas eu sentia. E, como um advogado indesejado, fazia com que descrevessem aquelas situações e me explicassem melhor, para eu ter certeza de que não estava projetando as minhas dores nelas.

Como eu disse, a maioria dessas pessoas eram consideradas, por outros ou por elas mesmas, problemáticas. Chegavam com discursos dos mais diversos, mas de mesmo tom. Falavam dos desencontros que viviam e eram constrangidas por mim, que fazia questão de repetir as palavras e as situações, na tentativa de as fazer se ouvirem e sentirem aquilo que eu sentia. Claro que na próxima sessão aquele tema desaparecia para ser encoberto pelas demandas do cotidiano.

Mas sempre, de uma forma ou de outra, as dores voltavam a se comunicar.

Acredito eu que, com cada vez menos desconforto, essas pessoas se sentiam mais à vontade para falar de suas dores e começavam a se convencer de que existia ali algo importante para ser ouvido, sentido e acolhido.

Inúmeras vezes eu chorei depois, sozinho, porque sentia não apenas as dores daquelas pessoas. O que eu sentia era o desprezo pessoal delas por suas dores e por elas mesmas; me chocava o como eram capazes de negar suas características essenciais para sobreviverem, como se fossem náufragos em alto-mar.

Todas elas estavam aquém do seu verdadeiro potencial em termos emocionais ou psicológicos, mas não conseguiam se arriscar, fazer diferente, mostrar-se para o mundo, pois elas mesmas não se enxergavam. Repetidas vezes eu ouvi elas me dizerem: "Queria ver em mim o que você vê", "Queria sentir por mim o que você sente", "Queria acreditar em mim como você acredita".

Para mim essas pessoas eram tão belas!

Não eram apenas sobreviventes, e sim criaturas fortes, que ultrapassaram tantos constrangimentos da vida, muitas vezes sozinhas. Com sabedoria, deram conta da própria vida, inóspita emocionalmente, e, para resistir sem nenhum suporte emocional, precisaram acreditar que não eram o que eram.

Eu acho que conseguia me relacionar com a dor delas com mais desenvoltura porque tentava me relacionar com as minhas, mas aquelas experiências também me ajudavam a me olhar com mais atenção e cuidado. Conseguia enxergar a beleza de cada uma, mesmo embaixo dos escombros, reconhecendo o preço que o ser humano paga para seguir em frente, negando a sensibilidade, o divino, o especial.

E fiz todo esse caminho, com todas essas descrições, para compartilhar com você minhas conclusões: as pessoas consideradas mais problemáticas, eram (ou são) as que têm mais necessidades essenciais.

Se as dores decorrem do desencontro entre as necessidades e o que foi ofertado a elas, é fácil entender que as pessoas com mais necessidades essenciais tenham encontrado maiores dificuldades para sobreviver à escassez à qual foram submetidas.

Contudo, o que faz uma pessoa ter mais necessidades essenciais do que outra, se não sua sensibilidade? Exato! Pessoas mais sensíveis têm mais necessidades!

Então, eu me perguntei inúmeras vezes: eram de fato pessoas com problemas, ou os problemas decorriam de não terem sido atendidas em suas necessidades, justamente por terem demandas internas mais especiais?

Percebe como olhar-se pelo mundo interno modifica por completo a forma de se analisar? É claro que aqueles que não identificam as necessidades do outro, ou que não conseguem supri-las, tentarão convencê-los de que o problema é do outro. Assim, muitas pessoas se construíram negativamente, quase que matando a si mesmas, porque o entorno tentou convencê-las disso para sobreviver.

E o que me faz concluir isso a ponto de apresentar essas ideias aqui?

Os resultados que vivemos juntos.

Algumas dessas pessoas eu acompanhei por mais de dez anos no consultório. Outras chegaram e se foram em alguns meses. Mas todas a quem me refiro viveram uma grande transformação exatamente na medida em que começaram a ver o que eu conseguia ver antes delas.

Eram criaturas sensíveis, empáticas, maduras emocionalmente, que quase enlouqueceram para sobreviver nos contextos aos quais foram ou ainda estavam submetidas. Muitas delas ainda mantêm contato comigo e de tempos em tempos me escrevem, compartilhando as suas "novas vidas". Outras ainda não se enxergam, mas eu não tenho dúvida do que vejo e, sempre que posso, reforço minha visão.

É certo que a maioria delas me fez e ainda me faz questionar o meu trabalho, a minha própria visão, pois nessas pessoas há algo de refratário, com complexos intensos e repetições contínuas. Alguns poucos se perderam no meio do caminho, mantendo suas defesas e resistências, ou talvez isso tenha acontecido porque eu mesmo não consegui me relacionar com elas de modo diferente. Mas o fato é que essa conclusão se tornou inquestionável para mim: as pessoas mais difíceis são as mais sensíveis, e talvez por isso as que carregam mais dores.

Enquanto não formos capazes de acolher essas dores, de enxergar essas vidas por trás de tantas dificuldades, elas continuarão a se debater por aí, pois o mundo lhes convenceu de que eram um problema para não viver a transformação que a presença delas poderia proporcionar.

As dores se mantêm

Embora a maioria das dores, das feridas e dos traumas tenham bases nas experiências infantis, elas não ficam restritas à infância, e por isso continuam a ser sentidas. Dores emocionais, feridas e traumas podem ser experiências que fazem emergir um conflito interno e continuam a ser reproduzidas pelo próprio sujeito na fase adulta, mantendo viva aquela experiência, por repetir consigo mesmo aquilo que o mundo lhe ofereceu. É como se essas experiências infantis se tornassem uma espécie de molde ou referência para o indivíduo.

A criança não tem um ego estruturado para se distanciar dos cuidadores e analisar: “Meu pai pensa assim, mas eu penso diferente. Vamos arrumar um jeito de conciliar isso para que fique bem para nós dois”. A criança está exposta àquelas situações e vive, molda-se, reage, sobrevive; e só vai ter clareza do caminho que percorreu se fizer um grande esforço para se descobrir por trás das estruturas que criou. Se na fase adulta a pessoa não for capaz de identificar, sentir e acolher a própria dor, ela se torna o próprio algoz.

A maioria dos adultos não faz essa parada para refletir sobre o trajeto que fez. Apenas continuam vivendo, como se aquela personalidade provisória fosse a sua verdade e as dores fossem a experiência básica de uma vida vazia internamente que precisa ser apenas vivida – e então, haja distrações e compensações!

A partir das experiências infantis, por não viverem o desligamento dos complexos parentais, tornam-se agora os autores das próprias dores, alimentando-as continuamente.

Alguns exemplos mais vão ajudar você a entender a tese em questão.

O primeiro exemplo é dos genitores que não veem a beleza da criança naquilo que ela já é. Por não terem sensibilidade e tato, acham que o melhor caminho para educar é exigir e cobrar, como se assim estivessem estimulando um bom desenvolvimento, sem perceber a dor que estão gerando. Esses são os pais que se orgulham dos filhos quando estes tentam fazer tudo perfeito e dedicam-se exaustivamente a algumas tarefas, em quadros ansiosos não identificados. A criança muitas vezes vive aquela experiência como um tormento, mas sem consciência disso; sofre porque é constantemente criticada e faz de tudo para evitar o constrangimento. Sendo assim, quem observa de fora vê um suposto bom menino ou uma menina dedicada, mas por dentro há um ser acuado, instável e inseguro, que não consegue identificar seu lugar no mundo e não tem um espaço de acolhimento e verdadeira valorização pelo que é.

Esse ser humano cresce como um adulto instável emocionalmente, talvez com medo do abandono ou da rejeição dos seus genitores, e isso não é identificado nem por ele mesmo. Aqui veremos os traços dos perfeccionistas e de alguns narcisistas, ansiosos e exigentes, talvez impositivos e cobradores (de si e dos outros), que reproduzem o padrão com o qual eram tratados. Aqueles pais talvez não enxergassem as características da criança que estava brotando, e é difícil sentir o perfume da flor quando ela ainda é apenas um botão. Mas hoje, nos seus 30 ou 60 anos, essa criança crescida não deveria mais ter dúvida desse lugar e da sua beleza.

No entanto, inconscientes de si, porque vivem desatentos e desconectados do mundo interior, continuam se tratando da mesma maneira como foram tratados por seus pais, sem enxergar o que têm de positivo, o que conquistaram e o que realmente precisam. Continuam a se exigir de forma descabida, numa corrida para lugar nenhum, acreditando que sempre precisam de mais, sem reconhecer quem já são.

Outro exemplo que pode auxiliar a perceber essa postura de algoz de si mesmo na vida adulta é o da criança cujo genitor sofreu a vida toda e, por não ter encontrado caminhos mais suaves para o próprio desenvolvimento, trata os rebentos da mesma forma, querendo prepará-los para uma vida dura e sem grandes perspectivas. São pais que sempre têm uma palavra ácida na boca, porque viveram uma vida difícil, e não acreditam na bondade alheia, em parcerias saudáveis ou na generosidade do mundo. Não fazem isso para ferir. É uma forma de cuidado, mas um cuidado imaturo, já que, como viveram experiências ásperas, acham que todos precisam se preparar para isso. Às vezes são mães que querem que suas filhas sejam independentes e jamais precisem de alguém na vida, para evitar que sofram o que elas sofreram por dependerem de alguém que não as respeitou.

Essas crianças parecem que foram preparadas para a guerra, e não para a vida.

Aprenderam a negar os aspectos humanos, o afeto, os sentimentos, como se o mundo fosse cheio de armadilhas nas quais a condição humana vira a maior isca. Espontaneidade, afeto, sensibilidade, carência e criatividade se tornam inimigos que precisam ser eliminados para evitar possíveis dores.

Esses novos adultos, muito mais comuns do que se supõe, estão por todos os lados e dão conta da vida. Estabeleceram-se no mundo externo, mas internamente estão esvaziados, desalmados, pois precisaram se tornar aquilo que não são de verdade – e que talvez ninguém seja. Muito provavelmente sentem angústias e vazios, apresentam traços depressivos e estão insatisfeitos com a vida, por mais gentil que ela seja com eles. Vivem, mas não conseguem se abrir e deixar seu mundo interno fluir porque está repleto de dores que tentam esconder. Suas conexões emocionais são superficiais, com pouca entrega, e seu potencial de vida é muito aquém do que poderia ser. Ansiedade, frustração, compulsões e vazios são os produtos dessas escolhas que não têm base interior.

As pessoas que tiveram seus aspectos essenciais negados na infância e que continuam a negar para si mesmos, por vezes até sentem o pulsar da vida dentro de si, mas, atuando como verdadeiros algozes perturbadores, negam a si mesmos.

Dolorosamente, vemos também os pais que criticavam seus filhos a pretexto de uma boa educação. Não necessariamente aconteciam agressões, embora quase nunca houvesse um elogio. Sem palavras de acolhimento ou encorajamento, pelo contrário, os filhos eram colocados para baixo, como se humildade e honradez fossem desenvolvidas à custa de desconsideração pessoal. Alguns desses pais vão justificar que agiram assim porque foram educados dessa forma, repetindo um ciclo de dor e destruição que só pode ser interrompido por aqueles que tiverem coragem de olhar e suportar as dores de suas próprias feridas.

Esses adultos de hoje são pessoas que dificilmente conseguem reconhecer o próprio caminho e ter palavras gentis e de reconhecimento para si mesmos. Os extrovertidos vão em busca de apreciação externa, como se o mundo pudesse compensar as ausências que tiveram, sem perceber que somente eles mesmos podem ocupar esse lugar de autorreconhecimento.

Se têm perfil mais introvertido, tornam-se tímidos e retraídos, como se o mundo fosse tratá-los como seus pais os tratavam, agindo com desconsideração por qualquer uma de suas iniciativas. As críticas que esperam raramente estão no mundo ou foram ouvidas quando adultos, mas elas estão em suas mentes, uma vez que essas pessoas repetem incessantemente o que escutaram dos seus genitores. Porém, projetam-nas no mundo para se defender das possíveis novas dores, sem perceber que, ao deixarem de viver o seu melhor, estão se machucando pelo autoabandono, ou seja, agora são elas as mantenedoras das próprias dores.

Por vezes são pessoas que se colocam em lugares de submissão e desvalorização. Em relacionamentos acabam sempre num papel de maior subserviência, como se fosse um favor o outro estar ali, ou como se no trabalho não tivessem direito de exigir qualquer coisa, pois devem estar felizes por pelo menos terem um trabalho.

As posturas autodepreciativas não são tão evidentes nessa sociedade, já que algumas dessas pessoas vão se colocar no mundo de modo gentil, estando sempre disponíveis, talvez como bons amigos, interessados no outro, envolvidos no trabalho ou no grupo de voluntários. Mas com um olhar mais minucioso identificamos que, embora estejam atentas aos outros, não estão atentas a si, e embora ajudem as pessoas, nunca pedem ajuda. Acreditam, encorajam e dão suporte quando os outros precisam, mas dificilmente solicitam ou mesmo aceitam suporte ou encorajamento para seus desafios internos.

Essas são algumas facetas suas e minhas, do ser humano que se debate com suas dores, dos algozes de si mesmos, de todos aqueles que ainda não aprenderam a se sentir e se acolher, ou que estão no caminho para isso.

Parte III
Sentir-se

Palavras de encorajamento

Estas primeiras palavras são de encorajamento para o seu sentir, pois é aqui que muitos interrompem o processo, achando que estão equivocados ou que não vão dar conta dele.

Como o ser humano vai se construindo sem o reconhecimento de suas verdadeiras necessidades, que vão emergindo com o passar do tempo, na vida adulta é preciso despender uma boa cota de tempo e energia no conhecimento de si, e os resultados não são imediatos. Além disso, o trabalho que nos propomos a fazer é profundo, de lidar com as estruturas da personalidade, e não há como adentrar esse mundo se não houver coragem e persistência.

É difícil identificar necessidades quando aprendemos a negá-las. Grande parte de nossos genitores, mesmo na fase adulta, não soube identificar suas próprias necessidades. Com isso, nem conseguiam supor que tínhamos necessidades e que ainda clamamos por atendimento e cuidado. Dessa forma, é comum que, quando o adulto de hoje começa a prestar mais atenção em si, seja interpretado como um problema para os que estão ao seu entorno, e, em especial, para me referir à relação com os próprios pais.

Vi repetidas vezes esses atuais filhos, no meio de seu processo, serem desencorajados a se sentir e se acolher por parte dos pais, agora mais velhos, com frases duras de resistência como "Você está ficando pior depois dessa coisa de autodescobrimento" ou "Você está muito mudada. Eu preferia você antes".

Claro que estão falando a verdade, pois a versão anterior atendia às loucuras relacionais que foram estabelecidas com eles. Como disse, muitos pais usaram de seus filhos para sobreviver a seus próprios traumas e feridas, e por isso qualquer mudança nesse sistema vai produzir um desconforto enorme. Mas quero reforçar essa situação, uma vez que, se você não estiver consciente disso, pode interromper o seu processo de sentir, como se estivesse cometendo um outro crime, agora contra eles.

A questão é que, quando a pessoa para de alimentar esse tipo de relação, na qual suas necessidades não eram atendidas, os outros à volta dela também precisam se encarar, talvez olhar para suas próprias dores e se responsabilizar por elas. Mas como essa situação é muito delicada, a reação mais comum é tentar dissuadir aqueles que estão saindo da caverna para viver na claridade.

Então, seja como for, com certeza ou não, continue o seu processo, e com o tempo a vida vai começar a trazer alguns sinais do seu real caminho a trilhar.

Outro aspecto para o qual quero oferecer suporte é o desafio de sentir.

Somos, na generalidade, sobreviventes da escassez ou da negligência emocional, que chega a assustar quando nos abrimos para o diálogo com o inconsciente. Os castelos de ilusão que construímos para soterrar nosso mundo interior vêm ao chão, e esse desabamento intensifica ainda mais a experiência de dor que negamos por tanto tempo.

Em alguns momentos, parece que as dores se intensificam ao extremo, mas na maioria das vezes acho que isso acontece porque você realmente está sentindo. Talvez até então estivesse contemplando de longe, percebendo o cheiro delas, mas não estava em contato verdadeiro.

Sentir dói, e muito. Esse é um dos motivos de as pessoas evitarem esse encontro por tanto tempo.

Sentir desestabiliza o ego, quase ao nível do insuportável, porque produz um destronamento necessário para a abertura ao inconsciente.

Porém eu quero lembrar que nada pode destruir você!

As experiências materiais podem aniquilar o corpo, mas aquilo que não é corpo – podemos chamar de alma, espírito, essência, eu profundo ou o que for que governe esse corpo – não pode ser destruído.

Esse para mim é o principal sentido da imortalidade da alma, tão pouco falada hoje em dia. Nada pode matar a alma. Dores, conflitos, abandonos, rejeições, feridas e traumas podem nos machucar, paralisar por algum tempo e até produzir desagregações internas. Mas a alma é imortal.

Diálogo interior

Retornar a algumas das experiências infantis pode ser doloroso, mas ao mesmo tempo profundamente terapêutico, quando sabemos como nos posicionar frente a elas. É nesse sentido que as visualizações terapêuticas podem ter um importante papel, por favorecerem o encontro interior, donde surgem novos diálogos internos e onde a consciência se amplia.

Claro, ter um psicoterapeuta para conduzir esse diálogo pode ser muito bom, mas não é essencial. Acredito que você pode fazer isso por si. Contudo, para ter maior efetividade, são precisos alguns cuidados que vou sinalizar, a começar pela escolha do espaço.

É importante construir uma psicosfera de segurança e tranquilidade. Isso ajuda a intensificar o diálogo com seu mundo interno. Pode ser um ambiente comum, com o qual você já está acostumado. Mas acima de tudo deve ser um espaço privado, sem interrupções ou preocupações com o externo. Depois de assentado o espaço, você pode trazer outros elementos que favoreçam a sua concentração, como uma música suave, luzes de velas, incensos ou o que mais lhe aprouver.

Para favorecer a preparação física e psíquica, procure fazer um breve relaxamento, passando em revista as principais partes do corpo, ou mesmo fazendo uma automassagem. Em seguida, através da respiração, concentrando-se nela, tente se desconectar do mundo externo e se volte para o seu mundo interior, sem pressa ou qualquer tipo de preocupação.

Quando se sentir presente, em conexão consigo mesmo, escolha uma cena que já veio à sua mente ao longo da leitura até aqui e na qual você não teve tempo para se aprofundar, ou simplesmente relaxe e deixe que seu inconsciente traga uma cena específica, que pode ser inclusive desconhecida, emergindo após o relaxamento.

Assim que a cena se mostrar, tente primeiro observar a situação geral. Quais são os personagens? Quem está diretamente envolvido? Existem expectadores? Quem são essas pessoas e qual sua relação com elas? Que lugar é esse?

Olhe para a cena, para os objetos, para as pessoas, sem pressa. Talvez você consiga acessar o que estava acontecendo antes de tudo começar a ocorrer como você lembra. Apenas observe, tentando captar detalhes como o conteúdo das conversas, os olhares, as atitudes. Deixe que seu inconsciente enriqueça a cena, sem se perguntar se foi assim mesmo ou não. Não importa! É seu mundo interno se pronunciando.

À medida que for se aprofundando nessa imersão, depois de se atentar para os elementos exteriores, volte-se para si. Que sentimentos esse lugar traz para você? O que está acontecendo com você? O que você ouve ou fala? O que lhe marcou e como isso marcou?

Não tenha medo de entrar em contato com essas cenas, porque elas já fazem parte de você e não podem prejudicar mais do que já prejudicaram até aqui. O essencial desse exercício não é olhar para o que aconteceu em si, mas sim observar como isso aconteceu dentro de você.

É preciso ir além, mesmo que seja uma situação difícil. Tenha coragem de olhar para você com perguntas mais francas e interessadas. O que você está sentindo? O que está se passando aí dentro?

Não se apresse! Talvez precise repetir a mesma pergunta algumas vezes, pois certos pronunciamentos da alma são mais delicados.

Tente diferenciar o que você estava vivendo internamente e o que as pessoas ao redor estão vendo e interpretando. Só você sabe o que acontece no seu interior, então analise essa situação pelo ângulo de dentro.

Existem outras perguntas que podem ampliar o entendimento e, portanto, o despertar da consciência: O que você queria fazer e não fez?; ou o contrário: O que você não queria ter feito e fez?, Por que fez isso?; entre outras. Investigue com cuidado, adentre a profundeza dos seus sentimentos, dos pensamentos ou das sensações silenciados.

Além dessas questões, existe uma que é essencial: Qual é a sua necessidade? Eu sei que essa é uma das perguntas mais difíceis, mas tente perceber o que você precisava naquele momento, o que você realmente esperava ou necessitava internamente.

E mais, assim que obtiver a resposta, permita-se sentir a dor de não ter isso que você precisava, porque, de fato, isso dói demais. Mas agora você entende melhor a cena, compreende que aquilo que verdadeiramente machucou não foram as palavras ou os atos, e sim as necessidades essenciais que não foram atendidas.

Então, permita-se passar um tempinho maior olhando para dentro de si ou dialogando consigo, agora por meio desse ângulo mais claro e de maior entendimento, que permite adentrar os meandros das interações humanas por novas perspectivas.

No momento desejado, volte, mas sem perder a conexão com o mundo interno e com tudo aquilo que precisa de atenção e cuidado dentro de você.

Respire fundo, anote, desenhe, registre o que for necessário, pois ainda temos um longo caminho pela frente!

Intimidade pessoal

Mesmo sendo constrangedor, precisamos tocar essas dores. Agora, como adultos, temos a obrigação de processar tudo isso que aconteceu e que continua acontecendo conosco, ainda que doa.

Sentir as nossas dores gera uma exposição psíquica semelhante à exposição física. Parece que estamos expondo nossa intimidade, mesmo que nada seja falado para alguém. É o desnudar-se daquilo que nunca mostrarmos para ninguém, nem para nós mesmos.

No meu consultório, certo dia estava com uma pessoa que, ao se deparar com suas dores emocionais, disse: "Ah, não, eu não vou cair nessa conversa freudiana de que meus problemas estão na infância". Foi preciso uma longa conversa para ela sair daquele sentimento exasperado e começar a cogitar entrar em contato com suas feridas. Obviamente, por trás daquela reação havia muita dor, e ao longo de várias sessões vivemos o constrangimento de reconhecer uma infância de negligências emocionais que estavam sob aquela *persona* de mulher inteligente e bem-sucedida.

Eu me recordo também de um homem que veio até mim com esse mesmo tom. Chegou para um atendimento e na primeira sessão já deu a nota: "Eu vim aqui para me conhecer. Não quero ter que ficar falando de passado e chorando sobre o leite derramado, pois a vida é o que estou fazendo com ela daqui pra frente". Aceitei o seu direcionamento, porque supus que havia ali um homem com muitas dores e que essa altivez toda era apenas o muro que ele havia construído para sobreviver à sua vida interior que gritava desesperadamente por cuidado.

É preciso deixar-se tocar como alguém que abre suas defesas, mesmo em dor, para que o médico ou a médica possa ajudar. A postura é a mesma, só que dessa vez o profissional de saúde a quem você está se expondo e que está tocando a sua ferida é você mesmo. É ao deus interno que você precisa se entregar, na certeza de que existem caminhos que o ego desconhece, mas que são seguros, porque são direcionados pelo *Self*.

As memórias que começam a surgir são as mensagens necessárias do seu inconsciente. Não se assuste. Permita-se desenvolver essa intimidade consigo! Não questione se é fantasia, exagero ou má interpretação. Elas são os direcionamentos para que a transformação interior se dê. Então, não resista, não se constranja, não fuja do processo, mesmo que doa.

Ser tocado aqui é vivenciar a vulnerabilidade. Na verdade, é pior do que isso: é reconhecer a existência de algo com o qual não sabemos o que fazer, que não sabemos quanto tempo pode levar para parar de doer e que nem sequer sabemos se vai parar de doer um dia.

Eu sou sincero em confessar que eu não sei se suas dores terão fim um dia, como não sei se as minhas também terão. Pode ser que elas nos ocupem a vida inteira. Pode ser que, todas as vezes que certo tema venha à tona, a dor surja com ele e você reviva o desconforto e a vulnerabilidade.

Não há promessas mágicas. A única coisa que eu posso garantir é que não há possibilidade de tranquilidade emocional e desenvolvimento do seu potencial sem esse percurso interior de sentir-se.

Ouvir

Um dia uma pessoa sentou-se à minha frente e, mais constrangida do que o habitual de outras sessões, disse-me: "Marlon, eu tenho mais intimidade contigo do que com meu marido, que eu conheço há quase 30 anos". Aquela fala me pegou de surpresa, porque eu ainda não tinha entendido qual seria o tema do nosso encontro. Pedi que me explicasse por que estava falando aquilo, e ela anunciou: "Hoje é dia de falarmos sobre algo que eu nunca falei para ninguém. Quero falar dos abusos sexuais que sofri quando era criança".

Ela começou a falar dos abusos que sofrera repetidamente, que com certeza deixaram traumas com reflexos na sua vida emocional. Descreveu algumas daquelas cenas sexuais e, com um tanto de culpa, reconheceu que existia certo prazer velado, porque ela não gritava, não reagia e tinha a sensação de que algo proibido estava sendo permitido. Mas quando perguntei, ingenuamente, onde estavam os pais dela naquela hora, toquei num lugar desconhecido. Nenhum de nós sabia que aquela dor estava lá. Tudo veio à tona, num choro convulsivo, porque ela entrou em contato com a ausência de atenção e cuidado por parte de seus pais.

A história que ela tinha contado para si mesma era de compulsões sexuais na adolescência e, depois, de dificuldade de se entregar prazerosamente ao seu marido na vida de casal, porque havia sido abusada na infância. Contudo, a partir daquele dia, algo novo foi pronunciado pela sua própria boca, e se tornou audível: "Eu precisava que meus pais tivessem me cuidado!"

É claro que o abuso deixa marcas significativas, mas essa não era a real dor daquela mulher. Aqui está o nível de intimidade que precisa ser conquistado internamente, que permite revelar-se, pois a grande questão daquela mulher era não se sentir cuidada, não ser o alvo de preocupação dos seus pais, que estavam vivendo outros desafios entre eles. Isso era mais difícil de ser assumido e compartilhado do que os abusos sexuais!

A sexualidade daquela mulher era uma arma, na batalha da vida, para receber cuidado, e ela chegou até a considerar que nas próprias situações de abuso, em alguma instância, ela estivesse se sentindo cuidada, pela forma como era tratada.

Percebe quanta dor há em sentir isso? E ao mesmo tempo, quanta coragem há em se revelar-se para si mesma?

Tomar a responsabilidade

James Hollis (1995, p. 99) me fez pensar muito sobre o tema deste capítulo ao dizer: "O principal crime é permanecermos inconscientes, um crime que não podemos nos permitir cometer. Onde quer que encontremos feridas e falhas em nossa história, é exatamente o lugar onde somos obrigados a servir de pais para nós mesmos".

O reconhecimento do mundo interno é tarefa pessoal e contínua. Os pais podem auxiliar a criar uma base que facilite esse processo ou que o dificulte, mas é tarefa da maturidade identificar e sentir as necessidades emocionais com o compromisso de dar lugar para elas no mundo.

Temos uma resistência muito grande em sentir o mundo que está por trás das manifestações do ego, por todo o constrangimento que isso traz, mas não apenas isso. A vida interna pede atenção porque existe algo pelo qual ainda não nos responsabilizamos completamente.

O que quero reforçar aqui é que se as dores ainda latejam é porque, de alguma forma, repetimos as atitudes ligadas a elas. A maneira como nos tratamos hoje faz com que essas dores se mantenham presentes.

Aquelas experiências da infância já ocorreram há muitos anos e, com o passar do tempo, pela ação da própria natureza psíquica, já deveriam ter sido apaziguadas. Porém, por não termos sentido as dores com consciência, com o cuidado que elas merecem, continuamos nos tratando da mesma forma como fomos tratados, e assim essas dores se dilatam. Mas, se não tivermos consciência disso, atribuímos ao passado a dor que estamos sentindo no presente.

De modo geral, esta é uma dificuldade de todos: tomar a responsabilidade por nossas necessidades essenciais. Parece que as pessoas oscilam entre dois grupos – o dos que negam suas necessidades e o dos que esperam que os outros as atendam. É interessante perceber esses padrões, pois, se não prestarmos bem atenção, nós nos confundimos, achando que há ali uma tomada de responsabilidade, quando não há.

Há muitas pessoas que dão conta da vida, não reclamam, não demandam dos outros e parecem tomar para si a responsabilidade. Mas a maioria toma a responsabilidade pela dimensão material, e não pela dimensão emocional. Esquecem que existe um mundo emocional, do mesmo modo que seus pais não identificavam isso.

Essa postura é tão marcante que, quando alguém questiona "Como você está?", a pessoa logo tem uma resposta pronta – "Tudo bem, e você?" –, e raramente se pergunta "Como eu estou?" Não consegue se aprofundar nessa e em tantas outras questões, tamanha a distância que foi construída em relação aos afetos. Nesse sentido, parece mais fácil continuar afirmando para nós mesmos que nossos sentimentos não são importantes do que adentrar o constrangimento de não saber ou de ter que trazer à tona algo com o qual não sabemos lidar.

E isso se aplica a todas as outras dores da infância. As experiências de não ser ouvido, de não parecer importante, de não ter espaço para expressão, de não ser valorizado pelo que é, entre tantas outras, são como disparadores de um padrão perpetuado por nós ao longo de toda a vida, porque ainda não tomamos responsabilidade por nossa vida emocional.

Agora, se por um lado há o grupo dos que nem sequer se perguntam sobre a vida interior, no outro oposto há aqueles que sentem determinadas faltas e as interpretam como responsabilidades que os outros precisam assumir em seu lugar. Essas são as pessoas que acreditam que o parceiro tem a capacidade de fazê-las se sentirem amadas ou felizes, por exemplo. Consistem em pessoas imaturas, como as do primeiro grupo, mas que se expressam mais, colocando a responsabilidade pelo que sentem na atitude, ou na falta de atitude do outro.

São infantis porque ainda agem na perspectiva de que precisam do outro para terem suas necessidades atendidas. Mas veja bem, quando a pessoa era uma criança, ela necessitava, sim, de um adulto para favorecer o seu desenvolvimento, enxergá-la e proporcionar-lhe um despertar que seria impossível se estivesse sozinha. No entanto, quando se é adulto e já se viveu tantas experiências, o outro não é parte da nossa necessidade essencial.

A necessidade essencial, por assim dizer, não é a necessidade de que o outro me enxergue, e sim a necessidade de ser enxergado. Perceba que há uma diferença importante que precisa ser demarcada.

Colocar essa responsabilidade no outro é não se responsabilizar pelo que é seu. Nesse caso, a própria pessoa não se enxerga, não se valoriza ou não se cuida e espera que o outro, na figura atualizada de pai ou mãe, faça o que ela ainda não faz por si mesma.

Entende que são caminhos bem diferentes, mas com o mesmo final – de desatendimento das necessidades essenciais?

Por muito tempo, não se imaginava que a criança sentisse algo sério, tanto que acabamos generalizando de um modo pejorativo, de desqualificação da infância, por meio colocações como "Isso é coisa de criança" ou "Não seja infantil!"

A cena de combate aos medos e inseguranças se repetiu infinitas vezes em milhares de famílias, nas quais, por exemplo, as crianças com dificuldade para dormir tinham suas emoções rejeitadas, ou, quando não, apanhavam por expressá-las, até que foram aprendendo a não olhar para o que sentiam.

As crianças também eram tratadas como se não sentissem saudades, e poucos eram os pais capazes de conversar e explicar o que iria acontecer dali pra frente. Muitos casais, em tamanho desencontro, não conseguiam conversar com as crianças de modo a lhes oferecer cuidado emocional, e os velórios e hospitais nunca foram coisas para crianças.

Por consequência, perda e luto eram vividos como coisas de adulto. Mas o drama é que nos tornamos adultos e continuamos agindo emocionalmente como quando éramos crianças.

Aí é que está a necessidade de tomar a responsabilidade por si, e para si.

Então, quero propor uma continuidade daquele encontro com a experiência de dor, lembra?

Eu quero sugerir que você volte lá naquela cena que acessou e aprofunde o diálogo com aquela criança. Por isso, se você achar que aquele ambiente é favorável, permaneça lá. Mas se precisar de um espaço mais seguro e acolhedor, conduza essa experiência para um lugar que lhe permita abrir seu coração com mais tranquilidade.

Agora que você já tem o entendimento de como alimenta e até intensifica as dores que perduram, acredito que seja terapêutico você olhar nos olhos daquela criança e explicar que, embora aquele momento de vida tenha sido constrangedor, ele não perdurou até hoje porque ela viveu aquela experiência.

Esse é um fardo muito pesado que não cabe nos ombros daquela criança.

Entende o meu convite?

Quero ajudar a você dar uma outra medida para a vivência infantil, já que, se você atribuir a ela um peso maior do que ela comporta, você sobrecarregará aquela experiência e não conseguirá se libertar dela. É essencial reconhecer que depois daquelas vivências você permaneceu repetindo a mesma cena consigo mesmo, alimentando a dor e inviabilizando a cura.

Tente tomar essa responsabilidade para si! Reconheça que a história não é tão simples para descrever aquela dor como determinante da vida adulta e aqueles autores como algozes que ceifaram a felicidade.

Dobre-se e reconheça sua parte, de modo que disso surja o verdadeiro perdão, que é em relação a você mesmo, na medida em que assume a própria responsabilidade.

Sem essa atenção específica, você corre o risco de potencializar a dor e fazer aquela criança acreditar que aquela cena teve uma importância e um poder destrutivo muito maior do que teve efetivamente.

Se conseguir e se achar que cabe, peça desculpas por estar voltando àquela cena apenas agora e por somente hoje estar se perguntando quais eram as suas necessidades, pois se tivesse feito isso antes teria vivido dias mais amenos.

Porém, não se culpe! Você não fez isso antes, eu também não fiz. Nós nos abandonamos por muito tempo, insensíveis às nossas dores e às nossas necessidades não atendidas, como se fosse possível encontrar paz e felicidade sem o contato e a responsabilidade pela vida interior. Esta é a hora!

Se ainda for o caso, chore o quanto precisar chorar. Sinta a dor de não ter se cuidado como deveria, de não ter olhado com respeito e atenção para si como merece, a fim de essa experiência ser transformadora, no sentido de despertar a sua consciência.

Parte IV
Analisar-se

Aceita um chá?

Na primeira vez que eu compartilhei com meu companheiro, na Inglaterra, uma cena de estresse e raiva, ele me ouviu por alguns instantes, e quando parei para respirar ele me perguntou: "Aceita um chá?" Eu confesso que achei aquilo muito desrespeitoso. *Como assim "um chá"?*, pensei. *Você não se importa com o que estou sentindo? Não vai falar nada?* Independentemente de tudo aquilo dentro de mim, tomamos o chá e ficamos em silêncio. Fiquei remoendo aquela desconsideração por muito tempo, até que, passados meses, eu estava muito triste com uma situação a qual tinha vivido, e depois de lhe contar ele me perguntou, como sempre: "Você quer um chá?" Como já tínhamos mais intimidade, eu lhe perguntei: "Você está me oferecendo um chá porque quer que eu pare de falar?" Ele me respondeu: "Não. É isso que nós ingleses fazemos!" Então, tomamos o chá e ficamos um pouco em silêncio.

É certo que alguns ingleses podem usar dessa situação para fugir do momento dramático, como uma distração que o chá poderia proporcionar, e logo engatar em outros assuntos enquanto esperam a água ferver. Mas percebi que essa não era a intenção dele, que ele não estava rejeitando meus sentimentos ou querendo me distrair. Havia uma cumplicidade no ar, e por perceber isso tornei a falar do que eu estava sentindo, agora um pouco menos emotivo, o que me permitiu olhar a situação por novos ângulos.

Depois de vivida, essa experiência mexeu muito comigo, porque percebi que se ele agisse como muitas pessoas fazem, tentando me convencer do contrário ou mostrar um ângulo positivo da situação, eu silenciaria minha tristeza de modo a reprimi-la para o inconsciente. Mas se ele instigasse essa emoção, como algumas vezes fazemos, concordando comigo, apoiando-me no meu lugar de injustiçado, eu também não entraria em contato com o que realmente estava sentindo.

Não sei se era essa a intenção dele ou não, mas o que aprendi é que pode existir uma forma diferente de se colocar diante das dores no cotidiano – uma forma com a qual a maioria de nós não está acostumada.

Oferecer o chá pode ser um modo de expressar algo como "Não sei o que dizer, mas estou aqui contigo". Hoje isso soa para mim como um ato de gentileza e, acima disso, de humildade, que tenho tentado incorporar em minha vida, aplicando na minha relação comigo mesmo.

Quando estou sozinho, em um momento difícil, antes de ficar pensando em minhas dores por estar tomado por elas, eu me pergunto: "Aceita um chá?" Não é uma distração, é um modo de silenciar o ego que acha que tem sempre razão e que seu ponto de visto é o correto, para olhar diferente.

Hoje vejo isso como um gesto de respeito e cumplicidade com meu mundo interior, porque sei que o que sinto é realmente importante, mas ao mesmo tempo extremamente complexo, dolorido, enviesado, e por isso silenciar pode ser tão significativo.

A análise no consultório decorre desse lugar de silêncio, de cumplicidade. Quando estamos em frente a um paciente, jamais começamos a falar sem um bom tempo de silêncio, quando podemos ouvir com cuidado, perceber sentimentos e sensações, dar atenção ao que não foi falado, estabelecer conexões com a dor, para daí começar a fazer algumas perguntas que podem dar alguma direção. Se for um paciente novo, que não conhecemos, nós nos permitimos tomar muito mais tempo, e por vezes só depois de várias sessões é que começamos a fazer algum tipo de intervenção.

O chá, no cotidiano, é esse momento de silêncio, de aproximação, de presença atenta e cuidadosa, que permite uma análise mais comprometida com a verdade. Por isso decidi apresentar esse relato para você antes de começarmos a analisar alguns aspectos da dor emocional.

Minha intenção é que você não use a análise como uma espada para se ferir ou para ferir os outros. Não estamos em um tribunal em busca de culpados ou inocentes. Não se trata de condenar-se ou absolver-se.

A análise envolve a identificação de elementos mais profundos que não são percebidos pelo ego. Então, antes de tudo, ao sentir a dor, pergunte-se se "Aceita um chá?" e se entregue a esse momento como se estivéssemos sentados, em silêncio, em cumplicidade.

A percepção intensifica o sentir

Quanto mais tomamos a responsabilidade pelas nossas dores, mais conseguimos aprofundar a análise sobre elas e sobre as experiências que vivemos, e acho que por isso elas são experienciadas com mais intensidade.

A capacidade de se analisar abre maior possibilidade de diálogo entre o consciente e o inconsciente, pois, na medida em que não há tanta culpa, cobrança ou desejo de vingança, o inconsciente traz novos conteúdos que vão reforçando as percepções e apurando o entendimento sobre nós mesmos. Sendo assim, quanto mais aguçamos nossas percepções, mais intensas parece que as dores se tornam.

Eu já havia anunciado isso, que os castelos de ilusões vão se destruindo e vamos enxergando a vida por um lado mais cru, mais realista, que dói. Mas lembre-se de que se isso está acontecendo é porque o deus interno, o *Self*, reconhece que você tem condições de lidar com essas situações e identifica que está na hora de fazer uma arrumação nesse lugar abandonado. Então, não receie o que começar a aparecer. Ofereça-se um chá, acolha-se e se analise com cumplicidade, respeito e cuidado.

Acompanhei pessoas que descreviam uma infância maravilhosa, com pais presentes e comprometidos, quase como aquelas propagandas de margarina, onde tudo parece um sonho. Contudo, com o passar do tempo, a partir do autodescobrimento e da análise das experiências por outros ângulos, chegaram a uma conclusão bem diferente: a de que os anos infantis foram pesados e deixaram marcas dolorosas.

Geralmente começamos pelo esvaziamento da vida pessoal, pela falta de sentido ou pela sensação de nada nunca estar bom o suficiente, entre tantas outras sinalizações de rompimento com o mundo interno.

Há muitos pais exigentes, que parecem lobos em pele de cordeiro, pois revisitam sempre os bons momentos para reprimir qualquer possibilidade de pensamento contrário. Na infância, tentavam mostrar que eram cuidadosos, que protegiam, que ofertavam tudo, mas, em verdade, eram impositivos e manipuladores, justificando como bem queriam o próprio comportamento.

Alguns adultos na atualidade estão aprisionados pelos discursos positivos dos pais em relação aos filhos, e esses filhos, para continuar se sentindo queridos e amados, reprimem qualquer sentimento ou pensamento contrário que possa emergir e confrontar o olhar supostamente positivo e amoroso dos pais sobre si. Então, quando descobrem que em verdade nunca tiveram um olhar sobre si, mas sim viveram uma forma de controle e manipulação, sofrem uma desolação interna.

Presenciei muitas cenas parecidas, de um aparente sonho encantado que se desfez, quando a vida começava a ser olhada por outra perspectiva. Pais presentes, que se sentavam e conversavam abertamente sobre determinadas escolhas, sem aparentes imposições, de liberdades supervisionadas – experiências positivas, claro, mas que não deixavam de ser frias, no sentido de desconsiderarem a realidade interior. Genitores que pareciam estar abertos ao diálogo, mas que nas suas conversas estavam mais interessados em adequar os filhos do que entender seus sentimentos. Pais que faziam questionamentos sobre as consequências das atitudes, para provocar reflexão, mas que tinham como referência sempre o externo, os outros, sem jamais pensar nas necessidades pessoais dos filhos, que também precisam ser atendidas.

Essas cenas disparadoras ajudaram pessoas a perceberem a violência que praticavam consigo mesmas, agora sem a presença daqueles pais, sempre pensando sobre o que seria o correto e o adequado, sem nunca se interessar pelas necessidades da alma.

Essa é a capacidade de autoanalisar-se, que precisa ser ampliada para o trabalho de acolhimento das dores. É uma observação mais cuidadosa, de silenciamento dos discursos alheios, para ouvir a própria história pelo ângulo de dentro!

Certas pessoas sentem-se desoladas ao reconhecerem que eram vitrines de seus pais, servindo para o exibicionismo deles. Algumas delas me descreveram dores dilacerantes advindas de cogitar que o aparente cuidado dos genitores, manifestado em proporcionar uma educação exemplar e não ser impositivos ou desrespeitosos, poderia ser motivado justamente por uma promoção pessoal, por um desejo de provar que eram bons educadores em oposição aos pais que tiveram, para serem elogiados por seus filhos e promovidos em público – porque estavam mais preocupados com eles mesmos do que com seus rebentos. E pior ainda é perceber que continuam se tratando dessa forma agora, como se a própria vida fosse uma vitrine para exibir a melhor performance, seja nas redes sociais ou nos jantares com os amigos, desconectados da realidade interior.

Um tanto parecido com esse grupo são os filhos de pais que continuamente descreviam tudo o que viveram para poder oferecer aos filhos o melhor. Quando a capacidade de análise vai se aguçando, é possível entender que aqueles pais passaram a vida falando de suas próprias infâncias sofridas e dos tempos difíceis como forma de se promover ou de evitar qualquer crítica, estando pouco conectados às necessidades verdadeiras de seus filhos.

Veja que não é um julgamento sobre os pais, mas uma percepção sobre si daquilo que não podia ser falado.

Alguns genitores ainda ousavam demonstrar posturas com conotação de humildade que, se não fossem inconscientes, seriam teatrais, ao dizerem "Nós sabemos que não somos perfeitos, mas fizemos o melhor por vocês" como meio de camuflar responsabilidades emocionais desatendidas, que nunca puderam ser faladas.

Além dessas situações que emergem ao longo dos anos, conforme se recontam histórias por um ângulo mais doloroso, verifiquei também o quão difícil é para alguns adultos reconhecerem e suportarem a relação com suas dores quando os pais mudam de comportamento em relação ao que eram tempos atrás. Por exemplo, pais que eram agressivos e usavam de palavras ríspidas, depois de anos modificaram a atitude pelas críticas que receberam ou por outros motivos mais narcisistas, e agora criam uma atmosfera onde praticamente é vetado falar das experiências do passado. Alguns pais chegam inclusive a negar que batiam nos filhos, a dizer "Nem foi tanto assim, vocês eram crianças", especialmente se esse tema vier à tona na frente de outras pessoas.

Por vezes, esses pais tentam se despir das responsabilidades dizendo "Vocês não eram fáceis" ou "Vocês me enlouqueciam", como a se justificarem e como se quaisquer adultos em seu lugar fossem agir da mesma forma – negligentes com as questões emocionais que continuam a ser vividas por esses adultos até hoje, agora repetindo os discursos atualizados do "Eu não sou fácil" e se submetendo a qualquer coisa, sem uma verdadeira autoanálise.

Uma das experiências que, ao emergir, torna-se dificultadora do contato com as dores é a sobrevivência ao adoecimento grave de um dos pais, ao transtorno mental na família, a traições, separações e outras ausências. Essas experiências trazem imensas dores, mas que antes não podiam ser acessadas, porque a situação externa tinha uma gravidade aparentemente maior do que as necessidades internas.

A mãe que teve câncer, o pai que se deprimiu, a genitora que sofre com o alcoolismo, o irmão que cometeu suicídio, entre tantas situações extremamente desconfortáveis – tudo isso estimula o soterramento de dores verdadeiras, e só com um bom percurso de atenção e investigação pessoal elas conseguem emergir, devido à tamanha aridez emocional que viveram. Essas pessoas tiveram grande dificuldade de entrar em contato com as feridas, pois parecia que ao fazer isso estariam desrespeitando a dor do outro e sendo egoístas, por pensarem em si quando havia algo supostamente muito mais grave acontecendo. E agora, por terem coragem de se olhar por dentro e sentir o que não sentiram até então, vivenciam uma dor imensa.

Parece que, como forma de existir psiquicamente, esses indivíduos precisaram romper com suas histórias e se colocar como pessoas de histórias comuns, negando as dores que estavam lá. Mas, na verdade, são verdadeiros sobreviventes de um mundo surreal, que precisou ser esquecido a fim de não sucumbirem a ele e a todos os sentimentos que com ele emergiram.

Ser vítima

Acho importante escrever sobre o tema da vítima, pois a dificuldade das pessoas em se analisar, somadas ao receio de estarem se vitimizando, faz com que neguem suas dores e continuem alimentando uma situação que as machuca mais do que imaginam, levando-as à exaustão e ao ressentimento.

Em dias em que predominam os discursos de força de vontade, autonomia e determinação, olhar para o aspecto de vítima que existe em nós pode ser muito constrangedor. Certamente isso também tem conexão com a tentativa de eliminação da vulnerabilidade que faz parte de nós, tão bem apresentada pela psicóloga Brené Brown (2016).

A vítima experiencia um lugar de passividade que é um tanto inabitado na atualidade.

Nas mídias sociais, em livros e em revistas de autoajuda, e até nos meios religiosos ou espiritualistas, convivemos com discursos, que chegam a ser perversos, de que precisamos ser ativos, conscientes, determinantes em nossa vida.

A frase "Não importa o que a vida fez com você, o que importa é o que você faz daqui para frente", muitas vezes atribuída a Jung, precisa ser aplicada com parcimônia. É claro que em vários momentos precisamos fazer escolhas, determinar algumas direções e persistir. Porém, essa totalidade em termos de discurso nos impede de reconhecer os aspectos passivos de nossa personalidade.

Todos nós, em alguma circunstância, fomos vítimas de nossas famílias, do nosso entorno, da vida de um modo geral.

Passamos por experiências de constrangimento que não foram causadas por nós mesmos, fomos submetidos a injustiças, suportamos reações descomunais e precisamos lidar com as loucuras das pessoas à nossa volta, inclusive em algumas situações nas quais não havia para onde correr; apenas tivemos que nos submeter àquilo.

O que produz o adoecimento psíquico não é a experiência em si de ser vítima, em corroboração da frase que citei há pouco. O lugar opressivo e destrutivo não está na passividade que se sofreu, mas na incapacidade de dar sentido àquela experiência. E por "dar sentido" não me refiro a colocar panos quentes ou fingir que tudo foi necessário, sem maiores reflexões, tal como o fazem aquelas pessoas que saem falando "gratidão" para tudo sem ter uma relação interior significativa. Esse "dar sentido" a que me refiro tem a ver com o despertar da consciência como porta para uma transformação.

Há pessoas que, fingindo que nada doeu, tornam-se justiceiras do mundo, e outras que se mantêm presas a essa dor e justificam todas as suas atitudes a partir do ocorrido, colocando-se no lugar de vítimas do mundo.

Quero lhe mostrar que tanto a pessoa supostamente forte como a vítima eterna estão no lugar da vitimização, desconsiderando a experiência pessoal que pode ser transformadora. Apenas a pessoa que reconhece a experiência de vítima e que analisa a sua dor, consegue se desenvolver psiquicamente.

Quando a pessoa não consegue reconhecer esse lugar de vítima, no sentido de se identificar com aquele que sofre, ela fica se debatendo psiquicamente. Temos aí alguns justiceiros da vida, que querem matar, simbolicamente falando, todas as pessoas que estão no lugar de agressor. Alguns desses são personalidades aparentemente fortes, impositivas, que têm discurso pronto para todas as situações de opressão e desrespeito. Elas não conseguem olhar para o seu lugar de oprimidas e desrespeitadas, quando o foram, e por isso mesmo atuam no mundo para fazer a justiça lá fora, que na verdade é um ato decorrente de um pedido de atenção e cuidado da alma, dentro de si.

Digo que essas pessoas vivem a vitimização porque enxergam injustiças em todas as situações, mesmo as que nada têm a ver com elas. Abalam-se com uma injustiça que veem no noticiário, na mesa ao lado no restaurante, ou em qualquer outra situação, vivendo como se o drama do outro fosse seu. Mesmo passada a experiência, sofrem, indignam-se, comentam sobre ela com todos que encontram, sem perceber que estão numa postura de vitimização, ou seja, estão presas ao lugar de vítima, que está projetado no outro.

Ainda que por uma via externa, de fato aquela pessoa está se vitimizando, porque está presa à experiência da vítima e não consegue se desenvolver psiquicamente. Mas, como ela atua no mundo, fala das injustiças e se envolve nos casos, tem a sensação de estar fazendo algo por si quando, em realidade, não está.

Aqui quero fazer uma provocação, mencionando aqueles que se comovem tanto com os animais e sofrem com as injustiças que o mundo impõe a certas criaturas, e até ao meio ambiente, de uma forma desproporcional. Que fique claro que não estou me opondo a ações de cuidado e respeito com os demais membros desse planeta. Eu mesmo estou envolvido em projetos de sustentabilidade, na Sociologia da Esperança e no compromisso com um mundo melhor para todos os seres. No entanto, há pessoas que, por negarem a relação com suas dores, projetam-nas à sua volta, mantendo-se no lugar de vítimas e sofrendo uma dor de cuja origem não estão conscientes, talvez até porque não acreditem ser merecedoras desse cuidado.

Cuidarão de todos e trabalharão para eliminar qualquer injustiça no mundo, mas não percebem que fazem isso na fantasia de eliminar simbolicamente a injustiça que viveram e aquela que não se permitem viver.

No outro polo da vitimização, temos o sujeito que declaradamente se mantém preso ao lugar da vítima, e da mesma forma não consegue se desenvolver psiquicamente. Nessa vitimização declarada, ele se utiliza do discurso do sofrimento passado para justificar sua situação do presente.

É preciso analisar a diferença entre o aspecto de vítima que existe em nós, relacionado aos sofrimentos vividos, e a vitimização declarada, que fala e chama a atenção externamente, mas que no íntimo não se conecta com o sofrimento, não se relaciona com ele.

Esses são os sujeitos que não abraçam porque os pais não os abraçavam; não se desenvolvem sexualmente porque ninguém lhes ensinou a fazer isso; se agridem, é porque foram agredidos; e se não são bem-sucedidos, é porque a vida não lhes favoreceu. Eu afirmo que essas pessoas não se relacionam com suas dores porque não se comprometem com seu próprio mundo interno. Apenas usam da situação de dor para justificar a situação atual, mantendo, da mesma forma, a desconexão e o abandono interiores.

Quando há relação com a dor, há cuidado. Mas na vitimização não há cuidado, acredito eu, porque não há compromisso interior.

Compreenda a diferença entre aquele que se reconhece como vítima, ou seja, sente a dor e se deixa ser conduzido a um envolvimento interno por esse despertar, e aquele que, embora fale em alto e bom som de supostas dores, apenas se utiliza do discurso, sem se relacionar com elas – e por isso fica na vitimização, sem conseguir sair dela.

Suponho que tanto as pessoas que se vitimizam como os justiceiros e salvadores que citei anteriormente ficam presos às situações de vitimização porque o inconsciente está tentando fazê-los prestar atenção em algo seu, mas eles resistem, ficando na superficialidade da experiência. O inconsciente está tentando dizer "Há dor! Há injustiça! É preciso fazer alguma coisa!", mas, em vez de olhar para si e lidar com isso, colocam tudo lá fora, mantendo-se desconectados das suas verdades.

A título de estímulo para o contato com esse lugar de vítima que todos precisamos vivenciar, quero trazer uma das experiências mais tocantes de passividade, dor e consciência: a crucificação de Jesus.

Ele poderia ter se esquivado, fugido dessas dores, e provavelmente a história teria outro final. Mas ele escolheu permanecer, mesmo sabendo de tudo que enfrentaria.

Os Evangelhos descrevem que esse foi o momento de maior agonia vivido por ele, e de sua pele vertiam gotas de sangue (Lucas 22,44). Ele disse: "E o entregarão aos gentios para ser escarnecido, açoitado e crucificado; mas, ao terceiro dia, ressurgirá" (Mateus 20,19); isso me faz pensar que ele tinha um entendimento sobre aquela situação de dor e já conseguia antecipar o que viria depois. Não é um sofrer por sofrer, mas sim uma ação de dar sentido ao sofrimento por compreender o futuro que está por vir, que em nosso caso são as transformações, o desenvolvimento interior. Nas palavras de Hollis (1995), é a vida autêntica depois da meia-idade. Nas palavras de Jesus, a ressurreição e o Reino dos Céus.

Jesus sabia de suas necessidades emocionais e estava comprometido com elas, de forma a antecipar-se a isso. Claro que não estamos à altura dele, mas a postura de dar sentido a suas dores e cuidar-se é inerente a todos que foram colocados no lugar de vítima e tiveram sua consciência despertada depois disso.

Fiquei muito pensativo, há algum tempo, com a frase "Tudo que eu faço vós podeis fazer, e muito mais" (João 14,12), aplicada a esse contexto. Comumente as pessoas gostam de atrelá-la aos milagres de Jesus, mas olhar por esse ângulo dá a ele um outro tipo de poder interior, não?

Ele era uma criatura muito acima da média em termos de entendimento da vida e das leis que regem a psique humana, e mesmo assim foi submetido a esse lugar de vítima, e viveu com dignidade. Isso me faz sentir que também posso viver dessa forma, e fazer muito mais!

Ser algoz

Se de alguma forma todos somos vítimas, é importante analisar que também, em alguma medida, todos somos um tanto algozes. Afirmo isso porque o fato de não enxergarmos nossas necessidades faz com que sejamos inábeis para observar o outro com cuidado e compreender as necessidades dele.

Agora que já há uma postura de maior contato com o mundo interior, podemos aprofundar a análise das dores na relação com outras pessoas, sem que isso seja culposo ou destrutivo para você.

Então, todos temos um tanto de vítimas e de algozes e precisamos aprender a analisar isso com cuidado, pois já sabemos em última instância que a relação determinante, em termos de dor, é a interior, mais do que a exterior. Mesmo assim, dói perceber que não enxergamos o outro e não estamos conscientes de suas necessidades.

Eu chamo você de algoz justamente porque quero ajudá-lo a sair do lugar unilateral de bonzinho, adequado, que permanece na polaridade positiva. Temos um lado algoz que precisa ser reconhecido e analisado, porque, caso você não consiga suportar isso, a situação só tende a piorar, e vou explicar o porquê até o fim do texto.

Quando o inconsciente começa a trazer essas memórias de nossas ausências diante do outro ou nossas recusas a enxergá-lo, pode ser sinal de que já estamos mais amadurecidos para suportá-las e aprender com elas. Então, elas devem ser acolhidas com respeito, sem julgamentos ou autocondenações.

Por vezes, nós nos deparamos com aquela situação de briga na qual tínhamos certeza de que estávamos com a razão e somos tomados por percepções que não tivemos na hora – de nossa infantilidade e nossa imposição, que desconsiderou por completo o momento ou a necessidade do outro.

Já vi casos de pessoas completamente vitimadas em certas situações, com certeza do quanto tinham sofrido em um lugar unilateral de vítimas, e que depois se abriram para o inconsciente e puderam ver a cena em que tudo começou (e que haviam reprimido). Conseguiram identificar que aquela situação em questão não foi aleatória e injusta, porque elas mesmas tinham contribuído para aquilo acontecer, machucando o outro primeiro, sem perceber.

Vejo também situações nas quais as pessoas que se sentem rejeitadas ou sozinhas tentam justificar sua dor pela forma como o outro as trata. São casos em que a forma de lidar com a dor ainda não acolhida é culpar o outro pelo que sentem, e, sem perceber, acabam machucando a outra pessoa.

Não é que façam isso propositadamente. Elas têm certeza de que o problema é do outro porque a dor que sentem é tão grande, e ficam tão desconcertadas devido a essa dor, que precisam extravasar esse sentimento, o qual ainda não é percebido como uma dor emocional anterior àquela relação – e que infelizmente permanecerá após a relação, caso não haja o compromisso interno consigo mesmo.

Lembra do Romeu, de Julieta? Os desatentos atribuem a dor dele à impossibilidade de viver o seu grande amor. Mas, em verdade, o texto de Shakespeare começa com Romeu deprimido, consolando-se com Frei Lourenço, por não ter o amor de Rosalina. Percebe como podemos transferir as próprias dores de uma situação para outra sem ter consciência de que a questão é muito mais profunda e exige uma autoanálise mais cuidadosa?

Constrangimento parecido é aquele de quando reconhecemos que repetimos com os outros as mesmas situações que foram fonte de nossas dores. O exemplo mais comum desse caso é o do indivíduo que rejeita com receio de ser rejeitado. A pessoa está com tanto medo de ser rejeitada que não se arrisca, não dá passos significativos em direção ao outro, com medo de não ser correspondida, e se fecha. Porém, a forma de se fechar, pelo receio de como seria recebida, é um modo de rejeitar o outro.

Perceba aí o reflexo da situação. A experiência interior é de receio da rejeição, mas, por não ser percebida com cuidado e por não ser dado a ela acolhimento suficiente, o sujeito acaba por rejeitar a outra pessoa sem ter consciência disso.

Essa lógica de que a dor inconsciente faz repetir a situação de dor com o outro me faz recordar uma amiga que era incrivelmente perfeita na relação com o namorado: compreensiva, tolerante, afetiva, amorosa, dedicada, desenvolvida sexualmente etc. E ele, de sua parte, nunca se engajava mais, e parecia não haver nenhuma perspectiva de vida futura juntos.

Um dia, depois de anos de convívio, ela o pressionou em relação a um compromisso ou casamento. Então ele revelou, muito constrangido, não conseguir pensar em assumir um compromisso, uma vez que sentia que, mais dia menos dia, ela o deixaria, por ser uma mulher tão maravilhosa. Ele não a prendia e jamais insistiria para ficar com ela, pois reconhecia que ela merecia alguém muito melhor do que ele.

Consegue notar o dano dessa situação que ela mesma percebeu e compartilhou comigo? Ela tinha uma dor tão grande de nunca se sentir suficiente que colocava toda a sua energia em provar que era boa e merecedora de amor. Mas, ao fazer isso, estava tão desesperada por preservar seu lugar no mundo que não percebia estar estimulando o outro a sentir exatamente o que ela sentia, pois ele, naquele lugar, não se sentia suficiente para ela.

Essa experiência foi um choque, porque ela identificou que a preocupação com sobreviver à sua dor era tão grande que ela estava usando o outro para não sentir; por usá-lo, fez o mesmo com ele. E pior, ainda se analisando, ela me perguntou: "Será que era isso que minha mãe sentia?" Acreditei que sim. Muito provavelmente a mãe dela estava tão preocupada em sobreviver à própria dor de se sentir insuficiente, que almejava a perfeição para sua filha. Claro que não fazia isso por maldade, mas sim por sobrevivência psíquica, só que, por usar da maternidade para tentar provar-se espetacular, não enxergou as necessidades da própria filha, que se sentia sempre insuficiente para aquela mãe.

E aí a gente se pergunta: é possível corrigir isso?

Quem foi o grande responsável por tudo isso? Ninguém – ou melhor, a inconsciência. Pois a inconsciência da própria dor faz com que as pessoas usem umas às outras para não sentir aquilo de que estão fugindo, em um ciclo de dores sem fim.

Não é demais repetir que não somos responsáveis pelas dores dos outros, do mesmo modo que não responsabilizamos ninguém pelas nossas. Mas dói perceber que, da mesma forma que alguns foram gatilhos para nossas dores, nós também somos para os outros, geralmente os mais próximos.

O desconhecimento do seu mundo interior impede uma relação mais profunda com o mundo alheio. Por mais cuidados que tente ter, a falta de relação com as dores pessoais faz com que se ofereçam aos filhos os cuidados que se esperava de seus pais, e não necessariamente o que esse filhos precisam.

Os filhos não são vistos em suas necessidades, e sim nas necessidades dos próprios pais projetadas neles. Isso também acontece em relações conjugais nas quais se dá ao parceiro ou à parceira aquilo que se esperava receber ou de que se precisava, e não o que o outro espera ou precisa.

É interessante como a inconsciência de si gera mal-entendidos, cobranças indevidas e exigências de trocas ilegais, pois, em verdade, não se identificou o que o outro precisava. O que houve foi uma projeção, no outro, das próprias necessidades desatendidas, e em última instância isso quer dizer o seguinte: o outro também não foi enxergado em suas necessidades.

Dessa forma, a maior decepção é descobrir que, mesmo com tanto cuidado para não repetir o que os outros fizeram consigo, você fez algo muito semelhante com os outros.

E é aqui que quero retomar o que anunciei na introdução deste item – que a dificuldade de suportar o lugar de algoz faz piorar ainda mais a situação. Algumas pessoas veem os pais como algozes e se apavoram de pensar que seus filhos possam sentir por eles o que eles sentiram por seus pais, então tentam ser perfeitos – e, por negarem a possibilidade de o algoz existir em si, repetem o drama.

Relações abusivas

O diagnóstico de relação abusiva parece ter virado moda, e as pessoas ainda não perceberam o quanto ele pode ser defensivo, servindo para evitar uma autoanálise mais profunda.

É claro que há pessoas abusivas, e isso não pode ser ignorado. Mas precisamos levar em consideração que há um número elevado de pessoas que estão desconectadas de si e querem se curar a partir dessas relações, colocando-se em lugares que não deveriam e oferecendo mais do que podem, na esperança de que o outro as cure. Quando se cansam ou descobrem que o outro adora receber o que é oferecido a ele, as pessoas declaram que estavam em uma relação abusiva, com mil justificativas – faziam tudo, eram exploradas, não eram valorizadas, nunca receberam um elogio, ou até eram criticadas.

Então, que venha a pergunta dolorosa: quem estava abusando de quem?

O outro estava efetivamente abusando, tomando espaço, oprimindo, diminuindo e obrigando a pessoa a fazer coisas que não queria, ou essa mesma pessoa cometeu uma espécie de autoabuso, impondo-se a ser algo que não lhe cabia, na expectativa de ter algo que o outro não poderia ou nem sabia que deveria dar?

Em muitas relações que não terminaram bem, percebo que ninguém foi mal em si. O que houve foi um autoabuso. A grande traição aqui é a que se faz a si, justamente por não existir reconhecimento das próprias necessidades e por querer responsabilizar o outro.

Vi inúmeros casos, a maioria de mulheres, que deram suas vidas para os filhos, o marido e até aos próprios pais que lhes infligiram tantas dores, colocando-se no lugar de verdadeiras mártires. Acreditavam que eram pessoas boas e abnegadas, mas, em verdade, estavam usando dessas relações para esconder suas próprias dores e tentar se provar diferentes de como se sentiram na infância. Algumas agiam assim inclusive para tentar provar aos pais que eram melhores do que eles. Logo, numa atitude competitiva e destrutiva, porque pautada na negação de suas necessidades, reforçavam o autoabandono. E sendo assim, a grande decepção não demora a tardar.

Em algum momento, para todas elas, sem ser esperado, surge o rompante de dor – uma doença autoimune, uma postura de raiva em relação a todos, um quadro depressivo com ideações suicidas –, que revela o autoabuso. Muitas delas, nesse momento crítico, conseguem se pronunciar com o fatídico "Eu não aguento mais!", mas custam a entender que o rompimento que precisam fazer não é com algo lá fora, e sim com o lugar de desatendimento interno.

Portanto, não basta mudar de relação, deixar os outros para trás, abandonar a casa, se não houver um comprometimento verdadeiro com o mundo interno.

É interessante esse momento da vida de muitas mulheres que se sentem sobrecarregadas. Quando conseguem ir para a terapia familiar, ouvem de filhos ou companheiros: "Mas você nunca pediu ajuda. Ou você até dizia que queria ajuda, mas no próximo minuto já estava fazendo tudo sozinha, ou reclamando porque queria tudo do seu jeito".

Já presenciei filhos assustados, sentindo-se culpados pelo sofrimento de suas mães. Para evitar que os dardos pestilentos de descuidado daquelas mães atingissem seus familiares em atos ressentidos e vingativos, tentando responsabilizar os demais pelo descuidado pessoal, eu precisei ser firme na intervenção e dizer: "É importante vocês entenderem que isso não é responsabilidade de vocês. Em um grupo, é necessário que cada um consiga definir seus limites e necessidades, e a mãe de vocês, até agora, não sabia fazer isso".

O medo de ser algozes, de machucar os outros e de ser egoístas ou indiferentes nos faz cair exatamente nesse lugar, mas inconscientemente. O compromisso consigo, seja interpretado como for pelos demais, é o único caminho que pode levar a uma relação de comprometimento e acolhimento com o outro, de modo que ofereçamos para alguém aquilo que realmente cultivamos em nosso mundo interior.

Parte V
Acolher-se

A bruxa e o carrasco

A dor psicológica é uma experiência subjetiva. Isso quer dizer que não há uma métrica que permita comparar as dores das pessoas. Aquilo que foi facilmente administrável para alguns pode ter sido insuportável para outros. Por isso, a dificuldade e o desafio de acolher a si mesmo também não pode ser mensurável.

Não interessa se alguém viveu algo muito pior do que você, nem se você pensa ser a pessoa que mais sofreu no mundo. Essas qualificações distanciam você desse lugar de acolhimento, porque os olhos estão voltados para fora, ao invés de para seu mundo interior.

Presenciei e continuo presenciando pessoas que minimizam suas dores e até sentem vergonha de estarem sofrendo com elas porque elas dores parecem "nada" quando comparadas com a média de sofrimento do mundo. Não percebem que o desafio é enxergar as experiências por dentro, e ninguém pode fazer isso senão a própria pessoa, com essa postura de respeito e acolhimento ao que vive internamente.

Em todos os meus atendimentos, quando começávamos a adentrar o mundo interior, eu naturalmente era tomado por uma postura de acolhimento e compaixão, que é o que costuma emergir do ser humano ao se deparar com a dor, seja a própria, seja a do outro. E então essas pessoas ficavam constrangidas, pois, como só sabiam se tratar de uma forma dura e fria, perdiam a direção ao me ver reagindo de outra maneira às suas experiências. Esperavam que eu fosse duro e frio com elas, reproduzindo seus próprios padrões.

Certo dia uma delas me disse brava: "Ah, não, Marlon! Até você vai vir com essa história?" Ela revelou que já tinha passado por inúmeros psicólogos, e todos ficavam comovidos com sua história, e por isso os julgava profissionais incompetentes ou pessoas fracas. Sendo assim, ela me procurou pela ideia que tinha a meu respeito, de que eu era uma pessoa mais dura, que "falava na cara" o que precisava ser falado. Mesmo assim evitou ao máximo abordar suas dores, e quando chegamos lá, eis que a mesma coisa aconteceu.

Ela não tinha descrito nenhuma tragédia. Não apanhava dos pais, teve namorados desde nova, graduou-se em uma ótima universidade, recebeu bons trabalhos desde o início de sua carreira e se tornou uma pessoa importante na sua área, mas internamente era vazia, porque ela mesma não conseguia viver o contato real com seu mundo interior. Não sabia descrever suas vontades e sentia-se apartada do desejo, como se nunca tivesse tido espaço para ser quem realmente era.

Levou muito tempo para que, aos poucos, ela criasse uma postura de acolhimento e pudesse falar desse lugar interno, da solidão e desse abandono pessoal. Parecia que nunca tinha se sentido vista de verdade, e, quando os psicólogos a enxergavam, ela interrompia o processo, tamanho o seu constrangimento por estar nesse lugar. Acredito que, por termos construímos uma boa relação, ela foi se permitindo me ouvir e perceber o que fazia consigo, identificando o desinteresse que alimentara até então por si mesma.

Como ela tinha muito carinho por uma de suas sobrinhas, estimulei-a a ouvir aquelas coisas como se fosse a menina a lhe contar, de modo a fazê-la visualizar como era dura a forma como ela reagia, caso tratasse a menina como tratava a si própria.

Precisei retomar essa situação várias vezes a cada situação nova que ela trazia. De sua parte, sempre repetia os personagens e com despeito e intolerância pelos próprios sentimentos, até que um dia ela disse: "Nossa, acho que realmente eu sou muito dura comigo mesma!"

Esse foi o começo de seu verdadeiro acolhimento. A partir dali, nós pudemos começar a dialogar com as imagens de dureza e rigidez de seu mundo interno.

Certo dia ela descreveu a imagem de uma "bruxa" dentro de si, como a da história da Branca de Neve e dos sete anões, que não aceitava que outras pessoas pudessem ser mais belas do que ela e tentava as destruir. Em outro momento, ela reconheceu um "carrasco" duro, intolerante e insensível, daqueles que guilhotinavam as pessoas ou as jogavam na masmorra sem qualquer piedade.

Um dia, como num ato de desespero, ela me disse: "Minha mãe não é uma bruxa e meu pai não é um carrasco!" Eu acolhi aquele sentimento. Não podia nem concordar nem discordar, porque não conhecia seus pais, nem havia presenciado sua infância, para dizer se eram aquilo ou não.

Eu não sabia se ainda havia cenas infantis reprimidas ou se eram imagens do seu inconsciente profundo, de algum lugar que desconhecemos. Depois de termos conversado sobre esse receio de julgamento dos seus pais e suportado as imagens em si, expliquei que a análise não era a busca por culpados.

De fato, ela era a filha de uma bruxa e de um carrasco internos, sendo constantemente manipulada, reprimida e machucada por eles.

Felizmente, depois de tantos desencontros, hoje ela sabe que existe uma diferença entre suas percepções e as percepções dessas figuras dentro de si, e que mesmo sendo desaprovada por eles, precisa acolher-se, interessar-se por seus próprios sentimentos e necessidades, pois sua voz pessoal já é mais alta do que as daquelas imagens.

Ainda usando desse exemplo, eu quero retomar o primeiro aspecto que trouxe neste item: qual o tamanho da dor dessa mulher? Quando ela olhava para as experiências concretas, achava-se indigna de qualquer constrangimento ou sofrimento, porque ela tinha tido uma vida muito melhor do que a da maioria das pessoas.

Ao termos consciência dos personagens que existem dentro de nós, conseguimos dimensionar melhor nossa própria dor e quanta violência houve na nossa história interior.

Embora a vida externa estivesse estável e organizada, aquela mulher passou todos os dias da sua existência até então atormentada por uma bruxa e por um carrasco, e certamente isso não é pouca coisa para ninguém!

Este é o aspecto belo da postura de autoacolhimento: já não estamos mais presos às experiências concretas nem à presença ou ausência de justificativas externas, porque estamos tão conectados ao que existe em nós e tão comprometidos em lidar com esse mundo interior, que chegamos às imagens que governaram nossa vida para dialogar com elas e achar um espaço de encontro e respeito.

Pode ser que os pais daquela pessoa tenham sido uma bruxa e um carrasco, e ela somente tenha reprimido essas experiências por não conseguir suportá-las. Mas pode ser também que essa bruxa e esse carrasco já existissem dentro dela, antes mesmo desses pais, e sua vida concreta apenas fez emergir essas imagens presentes no seu mundo interior.

A pergunta que faço é: qual é a diferença entre descobrir que os pais foram essas imagens ou que elas existiam nessa mulher independentemente desses pais?

Nenhuma. E sabe o porquê? Porque são imagens internas, que estão presentes governando a vida adulta e precisam ser encaradas hoje. Não importa de onde venham. Isso nem sequer amenizaria as dores. As que precisamos enfrentar, assim como a dor dessa mulher, não são as dores das experiências concretas em algum momento da nossa história. Elas ficaram na história. As dores que nos pedem atenção hoje são essas que estão aqui, presentes, vivas, reveladas pela forma como ainda nos tratamos.

Olhar para o passado proporciona à maioria das pessoas a identificação dos padrões internos que se repetem, mas o grande desafio é acolher essa realidade interior com respeito e consideração, para viver as transformações de dentro para fora.

As minhas dores

Ao assumir que as dores são nossas, conseguimos delimitar melhor o espaço entre o que esperamos de nós e o que esperamos do outro. Essa é uma forma consciente de delimitar papéis e compreender limites.

Se algumas pessoas esperam que os outros as façam felizes, desresponsabilizando-se por isso, o oposto está naquelas que se deixam machucar pelos outros, sem perceber o quanto determinadas relações intensificam suas dores e as impedem de se acolher verdadeiramente.

Nesse sentido, muitos filmes, séries e romances fazem um desserviço ao desenvolvimento psíquico da humanidade quando colocam o outro como salvador, como aquele que dá amor, valoriza e cuida, e por causa desse comportamento o sujeito encontra a felicidade. Isso é mentira!

O que se vê repetidas vezes é que a pessoa que não se ama não consegue se sentir verdadeiramente amada pelo outro, independentemente do que ele faça. A pessoa que não enxerga seu valor repete o mesmo pensamento na interpretação do mundo, e é capaz de se diminuir ou desfazer o valor que os outros lhe dão.

Há um trabalho interior que não pode ser substituído por ninguém mais. Esse compromisso pessoal carrega até um pouco de solidão, porque percebemos que, em alguma instância, estamos sozinhos com nossas dores, as quais não podem ser perfeitamente compreendidas nem curadas por ninguém mais do que nós mesmos. Logo, sentir-se responsável por si é um tanto solitário, mas ao mesmo tempo traz uma independência e uma leveza rara.

Não é a independência do despeito, do medo de depender dos outros, mas sim a independência que caracteriza aqueles que estão comprometido consigo, aqueles que mesmo em situações de desrespeito ou de desvalor, como a que muitos viveram na infância, são capazes de dizer para si mesmos: "Não é porque o outro não me enxergou, que eu não mereço o olhar e o cuidado", ou "Mesmo que não tenham me percebido e valorizado, isso fala mais deles do que de mim".

Claro que isso não quer dizer que temos que dar conta de tudo sozinhos ou nos isolarmos. O outro tem um espaço essencial na nossa vida, mas o enxergamos como alguém que pode nos ajudar no processo, em vez de pensar que ele deveria fazer isso por nós, sem nosso comprometimento interior.

É interessante ver que as pessoas só conseguem melhorar essa percepção de que alguns ajudam e outros atrapalham depois que elas mesmas se acolhem. E a lógica é simples! Enquanto você não entrou em contato com suas dores, não se enxergou, não se sentiu, nem se acolheu, como pode saber realmente o que precisa e o que lhe faz bem?

O fato é que quando estamos comprometidos com nossas dores, por não esperarmos tanto do outro, as relações tendem a ficar mais leves, e mesmo o afastamento de determinadas relações se torna natural. As brigas intensas e os rompimentos bruscos tendem a revelar que existem elementos que não estão conscientes. Por vezes parecem atitudes de autocuidado, mas podem revelar outras dores que não foram ainda percebidas e acolhidas devidamente. Nesse sentido, o compromisso consigo produz certa calma, e o autoacolhimento produz uma espécie de discernimento. Não quer dizer que não dói, mas, como as coisas estão mais claras, não há exasperação.

Algumas dessas dores, como disse, talvez nos acompanhem pela vida toda. Serão temas sensíveis, situações delicadas, que exigem constante silêncio, meditação e conscientização antes de o indivíduo sair atuando no mundo, defendendo-se ou julgando o outro. Reconhecer que dentro de nós existe esse lugar sensível faz com que a gente seja mais cuidadoso com a gente mesmo, de um modo verdadeiro, sem ser reativo.

Um exemplo que talvez possa ajudar na compreensão é o do funcionário que busca reconhecimento e valorização em um time no qual é desvalorizado pelo seu gerente. Há pessoas que, por não reconhecerem o próprio valor, ficam à espera de que um superior faça isso e se tornam dependentes dessa relação. Eles podem até se sentir valorizados por algum tempo, mas na ausência desse suporte externo, porque não se comprometeram internamente, sentirão a dor outra vez ou, como é comum, estarão sempre em busca de mais, chegando inclusive a ferir os colegas sem perceber, para terem aquilo que buscam.

Ao não ter esse tipo de substituto para o próprio acolhimento, a pessoa se sentirá ferida e poderá pensar que abandonar aquele trabalho ou aquela relação seria uma forma de autocuidado, partindo em busca de alguém que lhe ofereça o que precisa/merece. Mas eu diria que não é esse o caminho, pois essa pessoa não está comprometida consigo. E por isso afirmo que isso é um rompimento, um rompante (calmo ou tumultuado por fora, mas um rompante) que tende a intensificar as dores da infância que ainda não foram cuidadas.

Diferentemente, quando aquele funcionário que mencionei tem um compromisso com seu mundo interior, envolvendo-se com o cuidado de suas dores, ao sentir a ausência de reconhecimento externo, começa um diálogo que o conduz a um maior amadurecimento.

Alguém com esse tipo de dor terá sempre o desafio de não se expor a um chefe que nunca o elogie ou que, pior, critique-o constantemente, mas isso é secundário em relação ao compromisso que tem consigo.

No comprometimento interior, há espaço para o outro, mas a prioridade é consigo. É difícil de achar esse equilíbrio entre mim e o outro se não há um equilíbrio entre o dentro e o fora.

Aqui eu retomo a experiência de martírio de Jesus como um importante direcionamento interior. Diante da dor, ele se recolheu no Monte das Oliveiras e chamou para ir com ele três dos apóstolos, que, durante o período de sua preparação, dormiam. Jesus estava só, e permaneceu só até o fim da *Via Crucis* (Lucas 22–23). Ele sabia do amor de sua mãe e do amor de tantos outros por ele, mas seu martírio foi vivido a sós, e com dignidade, demonstrando tudo que poderíamos fazer, e muito mais.

Os meus complexos

Não podemos concluir esse raciocínio sobre autoacolhimento sem falar dos complexos psicológicos, que, como lentes foscas, interferem na capacidade de interpretação das nossas necessidades.

Quando alguém está tomado por um complexo de rejeição, por exemplo, vai enxergar em tudo a rejeição. Essa pessoa, mesmo não sendo rejeitada, tende a ver rejeição nas ações dos outros e terá certeza de que precisa se afastar como forma de autocuidado, conforme expliquei.

Mas, nesse caso, o elemento que precisa ser primeiro observado e cuidado é o complexo de rejeição, e não as relações lá fora, que não podem ser bem analisadas enquanto o complexo está obstruindo a visão. Com o complexo menos atuante, ou pelo menos com consciência da presença dele, é possível interpretar melhor as relações.

Dores, feridas e complexos psicológicos se confundem. Não tente separar os temas, pois essa teoria só vai gerar mais confusão. Por agora, você precisa adentrar um tanto mais a noção de que nem sempre o que vê é o que está lá, pois você pode estar fazendo uma interpretação complexada.

Como uma lente de uma coloração específica que interfere na nossa visão, quem tem um complexo de poder ativado, por exemplo, sempre vai enxergar competição nas relações, e quem tem um complexo materno ativado, vai ter certeza de que precisa cuidar de todas as pessoas, esquecendo-se de si.

Os complexos são temas que se repetem em nossa vida e trazem consigo dores que não são daquelas relações, mas sim resultado de experiências interiores decorrentes do acúmulo de energia feito ao longo de toda a vida. Entendendo-se que são temas específicos, como abandono, rejeição, inferioridade, entre tantos outros, o que nos ajuda a perceber que um complexo foi ativado é a intensidade com que reagimos a algum acontecimento. As pessoas a nossa volta até ficam surpreendidas, pois para quem vê de fora não há sentido para tamanha reação.

Os complexos são temas com que é muito difícil lidar, e mais difícil ainda é compreender como dar espaço para eles em nossa vida, pois não adianta querer negar o complexo ou fingir que ele não existe compensando com outras coisas. Ele está lá e é capaz de desbancar nossas melhores e mais fortes ações.

O que eu aprendi ao longo da minha carreira é que, enquanto as pessoas não aprendem a se relacionar interiormente com o tema que o complexo traz, elas não encontram paz. Sendo assim, se você vive, por exemplo, um complexo de inferioridade, eu acredito que haja uma situação de inferioridade na sua vida que precisa ser vista e acolhida, e você está rejeitando. Daí, o inconsciente atua, querendo fazer você enxergar esse tema dentro de você. Mas, como você não o identifica, projeta no mundo lá fora e acredita que todos estão o rejeitando, até perceber que esse tema é seu e fala de uma relação interior que precisa ser acolhida com mais discernimento.

O despertar que transforma

O processo de acolhimento interior não é um caminho de solução ou eliminação das dores, por isso nomeei esta última parte do livro de "Acolher-se", e não de "Curar-se", "Resolver-se" ou "Libertar-se".

O acolhimento produz efeitos inimagináveis, mas só vivem essas consequências aqueles que são capazes de se relacionar com suas dores com mais consciência. A cura pode ser uma consequência de tudo isso, mas ao mesmo tempo é um mistério, porque não sabemos exatamente como ela acontece.

A definição do dicionário pode ajudar: "acolher" significa "oferecer ou obter refúgio, proteção". É sinônimo de abrigar, amparar, no sentido de resguardar.

Nós ainda somos uma sociedade muito egoica. Com isso, interpretamos que o processo de amadurecimento e transformação interior é feito pelo ego. Acreditamos que é preciso fazer algo externamente, ou mesmo que seja possível forçar sentimentos ou pensamentos que vão resultar em novas posturas no mundo.

Creio que essa dimensão comportamental produza algum tipo de reajustamento e organização, em especial para as situações de grande atrapalho interior, quando as pessoas não conseguem iniciar um processo de autoanálise. Também verifico a eficácia dessas mudanças em situações que se formataram como produto de condicionamentos e reforçamentos que se deram ao longo do tempo, sendo necessárias estratégias de dessensibilização para reajustar a mente que se desajustou pela presença de determinados estímulos. Mas, de modo geral, as situações que se restringem ao comportamento pouco interferem no mundo interior e nos conflitos morais que as pessoas precisam se deparar quando olham para o inconsciente.

O despertar da consciência transforma o sujeito, e é por isso que a abordagem que lhe ofereço se detém em reflexões sobre si, mais do que em caminhos ou estratégias de mudança. É o deus interno, o *Self*, que opera as mudanças, e não o ego, pequeno e imaturo.

A tomada de consciência daquele mundo interior abandonado produz mudanças inesperadas. Sentir as dores produz mudança nos sentimentos e na forma como a pessoa se trata.

Acolher-se não é uma técnica comportamental. Não se dá pela mudança de atitude externa. É um despertar interno, resultante de um longo processo de despertamento interior, que obviamente se expressa em mudanças externas, em um movimento de dentro para fora.

O sentir por si, consigo, é um comprometimento pessoal que começa a florescer naturalmente nas pessoas que se permitiram sentir suas dores com mais profundidade e consciência. E o sentir terapêutico também não é escolha racional: ele é consequência espontânea daqueles que se comprometeram a se enxergar com mais cuidado, e assim fizeram, por terem se desvendado dos discursos da atualidade.

Entende como tudo está encadeado? O comprometimento com o mundo interior é que direciona o processo. O trabalho do ego é se comprometer com as verdades internas, para a partir disso analisar como é possível ajustá-las ao mundo externo, sem abuso ou desrespeito ao mundo interior.

Mas o autoacolhimento não é a única consequência, e sim o começo da história. Além do impulso natural de acolher-se, a relação consciente com as dores produz uma revisão das nossas percepções sobre o mundo, que aqui eu chamo de desenvolvimento da sensibilidade. Essa percepção diferenciada faz com que olhemos para nós mesmos por novos ângulos, o que, por consequência, faz com que olhemos diferentemente para o outro, num fluxo contínuo de amor.

Sensibilidade

O comprometimento que desenvolvemos com o mundo interior, para chegar até aqui, é uma conquista pessoal bela, que nos permite ir além das aparências. Nestes dias em que a imagem tem mais valor ou importância do que a essência, enxergar o mundo interior é como ser vidente numa terra de cegos.

A habilidade de acolher-se para além das aparências permite um trânsito maior entre o consciente e o inconsciente. É uma capacidade de percepção que não se distrai mais com os discursos sociais, com as posturas familiares, nem com as próprias exigências. Perceber-se por trás dos discursos, das *personas*, das construções que foram erigidas ao longo de décadas é algo realmente apreciável, embora seja uma habilidade que nunca fica pronta ou finalizada, porque há sempre mais por fazer. Quanto maior for a sensibilidade para perceber-se, mais novos elementos (de si e do outro) se mostram, assim como as lentes de um microscópio, que ampliam a realidade e possibilitam a percepção de coisas que antes eram inimagináveis.

Se antes olhávamos para as pessoas superficialmente, como fazíamos com nós mesmos, agora entendemos que a realidade psíquica não pode ser apreendida pelo que se mostra com rapidez. A sensibilidade que desenvolvemos ao longo do percurso interior em busca de nossas dores nos habilita a perceber melhor a alma das pessoas por trás do sorriso rápido ou da postura imponente.

O arrogante não é mais apenas o ser que se sente superior. Talvez haja uma dor por trás daquela postura, que pode ser uma defesa. Não me refiro a julgar o comportamento alheio ou ficar analisando as pessoas, mas sim a ter desejo ou disponibilidade de perceber a vida por ângulos desconhecidos.

Aprendemos também a não nos ater ingenuamente às palavras, porque, ao mesmo tempo que elas podem expressar verdades, podem camuflá-las, e as pessoas têm aprendido a fazer isso com habilidade. As palavras podem revelar, bem como esconder, e somente uma alma que já atravessou um tanto do vale de suas próprias sombras está genuinamente atenta àquilo que se esconde por trás do que é expresso.

A sensibilidade traz um novo encanto para a vida. Não é uma postura de análise constante, de problematização de tudo a ponto de deixar as coisas pesadas. Ao contrário, é uma postura de abertura – é a possibilidade de novas relações, ou de antigas, por novos olhares e sentimentos, mais sensíveis.

Valor pessoal

Essa relação mais sensível consigo, em que o indivíduo consegue enxergar-se para além das aparências e acolher-se, tem forte influência na noção de valor pessoal. A sensibilidade que nos faz observar o mundo por trás da aparência produz um desvio na percepção, diferenciando o valor que o mundo nos dá (e que reproduzimos inconscientemente) e o verdadeiro valor pessoal (que antes passava despercebido).

O mundo de hoje tende a valorizar as pessoas que sobreviveram a grandes dores e traumas e se tornaram pessoas de sucesso – mas elas são valorizadas mais pelo sucesso que alcançaram do que pela capacidade de suportar as dores e crescer com elas.

Quando alguém é capaz de reconhecer as dores que viveu ao longo de todos os seus anos de vida, identifica em si um valor que até então lhe era desconhecido.

Lembra da moça que enfrentou a bruxa e o carrasco? Consegue mensurar a força interior e a capacidade daquela mulher? Quantas pessoas seriam capazes de lidar com aquelas imagens tão pesadas e ainda assim sobreviverem psiquicamente, sem se destruir? O valor dela não estava em nenhum dos concursos disputados que passou ou nos trabalhos que desenvolveu, e sim na sua realidade interior, que passava despercebida para si mesma enquanto não identificava seu mundo inconsciente.

E mesmo que a pessoa venha a se destruir, como no caso do suicídio, ainda há que se perguntar o quanto ela suportou. Eu já acompanhei muitas mães que sobreviveram ao suicídio de um filho, e sempre pergunto a elas: "Você sabe quando ele começou com movimentos autodestrutivos, e quando começou a falar em se matar?" Na grande maioria das vezes, elas respondem que é algo que começara há muitos anos. Então lhes faço esta outra pergunta: "Você percebe quão forte ele foi por ter suportado todo esse tempo?", e disso surge um choro de alívio e uma sensação de libertação, pois os olhos estavam apenas para fora, para o que não aconteceu, e não para tudo que foi vivido e suportado.

Quando somos capazes de dimensionar melhor o tamanho da dor pela qual passamos, redimensionamos a noção de nosso próprio valor naturalmente. Somente aquele que se encontra na própria pele consegue analisar a própria dor e o próprio valor. Somente eu consigo celebrar que "Eu suportei", "Eu dei conta de muitas coisas sozinho", e mais: "Eu cresci com minhas dores".

Olha que lindeza isso! Trata-se não apenas de força, mas também de coragem, persistência, sensibilidade, inteligência emocional, maturidade – uma lista sem fim de revelações pessoais começa a brotar.

Somos muito mais do que imaginamos quando nos olhamos por dentro e reconhecemos tudo que enfrentamos na vida para chegar até aqui.

Autoamor

Aprender a valorizar-se pelo ângulo interior e acolher-se já é uma manifestação de autoamor, mas quero dedicar um item específico para falar disso, porque acredito que aqui está um elemento central de todo esse processo, o qual produz uma mudança gigantesca na forma de interpretarmos o amor.

O amor por si mesmo, assim como muitos outros sentimentos, não é uma escolha racional, uma decisão do ego. Afirmo isso sem receio, porque não há dúvida de que não é possível escolher ou determinar nossos sentimentos. Não há como decidir odiar uma pessoa. É algo que acontece em nós e que decorre de questões muito mais profundas e complexas, em relação às quais não temos consciência nem controle. Não há também a escolha de sentir afeto por alguém. Ele simplesmente acontece. De algumas pessoas nós gostamos e de outras não, e não sabemos direito o porquê.

Então, o que nos faz pensar que podemos escolher amar a nós mesmos? Não é um ato racional, uma escolha pensada. Diga-se de passagem, frases como "Você tem que se amar!" ou "Você precisa cuidar mais de você!" podem até gerar algum tipo de constrangimento. A pessoa concorda que precisa se amar, mas não consegue fazer isso. Opera até algumas mudanças externas, mas, quando vê, volta a repetir os mesmos padrões, e por não ter clareza de que o problema não é seu, e sim dos discursos superficiais, machuca-se ainda mais, achando-se incapaz de tudo, até de se amar.

O autoamor aqui se apresenta como consequência do ato de conhecer-se. Ao identificarmos nossas dores emocionais e nos relacionarmos com elas, conseguimos compreender melhor quem somos, perceber quais são nossos desafios e dificuldades, e nos acolher por termos vivido tudo isso.

Além do mais, a tomada de consciência de tudo isso nos permite compreender melhor nossos erros, atrapalhos e equívocos por um ângulo mais sensível e menos julgador, sem culpa. Ao observarmos a nós mesmos por dentro, sob essa nova percepção, identificando as tantas dores com que temos que lidar, o mundo fica mais leve e nosso percurso se torna mais belo.

Sobrevivemos! E, mais do que isso, estamos nos transformando a partir de tudo que vivemos! Isso é admirável. Eu sou admirável. Você é admirável!

Os equívocos fazem parte da tentativa de sobreviver. Isso não é uma postura de conveniência, de justificativa vitimada. É uma verdade. Você deu conta da vida, e apesar de tudo por que passou, está aqui, em busca de novas passagens que o levem a novos caminhos.

Quando não se observam as próprias dores, as reações e os erros são interpretados sob um ângulo duro e exigente. Mas quando se desenvolve esse olhar sensível sobre si e sobre o outro, descobre-se que estamos todos no mesmo barco, em tentativas hercúleas de sobreviver às nossas próprias dores.

Quanta beleza há nisso! Quanta força desconhecida! Quanto perfume não sentido até então... Isso para mim é o amor. Ele não foi escolhido, mas começa a acontecer porque você se observa e se acolhe de uma forma diferente da que fazia até então.

Você se percebe com mais respeito, com mais cuidado, e se admira por ser quem é. Isso é amor, e, ao se tratar dessa forma, intensifica-se ainda mais essa força geradora da vida e das relações.

Chá, silêncio e autocuidado

Ainda, por fim, eu quero lhe falar um pouco do silêncio e estimular você a estar mais consigo.

Quando aprendemos a ficar em silêncio, presentes com a dor, nossa postura se modifica. Descobrimos que falar, quando não é a hora certa, pode ser mais uma distração, uma tentativa de dispersar a dor.

Então, tente silenciar um tanto mais, não apenas na hora da dor, mas também ao longo de toda a sua vida, com a intenção de desenvolver mais discernimento e conseguir voltar-se com maior facilidade para seu mundo interior.

O mundo está cheio de distrações e a alma estertora por cuidado!

Eu não me refiro apenas ao silêncio da boca, mas também ao da mente. É possível se calar o dia inteiro e, ao mesmo tempo, não parar um minuto em silêncio.

Diminuir os estímulos, aquietar os pensamentos, aguçar as percepções e sentir com mais discernimento são ações essenciais nesses dias de tantas opiniões, tantos posicionamentos e tanta dispersão.

Não se atrapalhe, não deixe que o ego imaturo entre em cena, como um personagem que está tão preocupado em impressionar (ou se defender), que entra no momento errado da peça e estraga tudo.

Aceita um chá?

Cuide de você!

Acolha-se com generosidade.

Referências

BOWLBY, J. *Formação e rompimento dos laços afetivos*. São Paulo: Martins Fontes, 1982.

BOWLBY, J. *Uma base segura*: aplicações clínicas da teoria do apego. Porto Alegre: Artmed, 2024 (edição *online*).

BROWN, B. *A coragem de ser imperfeito*: como aceitar a própria vulnerabilidade, vencer a vergonha e ousar ser quem você é. Rio de Janeiro: Sextante, 2016.

GARDNER, H. *Inteligências múltiplas*: a teoria na prática. Porto Alegre: Artmed, 1995.

GOLEMAN, D. *Inteligência emocional*. São Paulo: Objetiva, 1996.

HOLLIS, J. *A passagem do meio*: da miséria do significado da meia-idade. São Paulo: Paulus, 1995.

JUNG, C.G. *A natureza da psique*. Tradução de Mateus Ramalho Rocha. 9. ed. Petrópolis: Vozes, 2012 (Obras Completas, vol. 8/2).

JUNG, C.G. *A prática da psicoterapia*. Tradução de Mateus Ramalho Rocha. 16. ed. Petrópolis: Vozes, 2013 (Obras Completas, vol. 16/1).

JUNG, C.G. *Memórias, sonhos e reflexões*. Organização de Aniela Jaffé. ed. esp. Rio de Janeiro: Nova Fronteira, 2015.

REIKDAL M. *Em busca de si mesmo*: o autodescobrimento como filosofia. Petrópolis: Vozes, 2022a.

REIKDAL, M. *Qual é o seu legado?* Entrega, compromisso e autodescobrimento. Petrópolis: Vozes, 2022b.

REIKDAL, M. *Qual é o seu valor?* Sociedade, narcisismo, autodescobrimento. Petrópolis: Vozes, 2023.

EDITORA VOZES LTDA.
Rua Frei Luís, 100 – Centro – Cep 25689-900 – Petrópolis, RJ
Tel.: (24) 2233-9000 – E-mail: vendas@vozes.com.br